주님 기도

주님 기도

너 희 는 이 렇 게 기 도 하 라   다니엘 김

규장

주여, 우리에게 기도를 가르쳐주소서!

Lord, teach us to pray…

눅 11:1

기도는 배우는 것이다. 바로 배워야만, 바로 기도할 수 있다. 그래서 주님은 제자들에게 기도를 가르쳐주셨다.

주님이 가르쳐주신 기도는 당시에 이미 존재하고 있던 여러 기도문과 달랐다. 마치 주문을 외우듯이 반복하여 중얼거리는 기도문이 아니었다. 종교예식의 틀 안에 갇혀 있는 형식도 아니었다. 중언부언도 아니었으며, 외식하는 행위도 아니었다!

주님이 가르쳐주신 기도는 사랑하는 아버지 하나님을 향한 애정의 속삭임이었다. 동시에 거룩하신 하나님을 향한 확신에 찬 다가감이었다. 그리고 영원하신 그분의 소원에 우리의 귀를 기울이며, 우리 자신을 그분의 소원에 조율하는 겸손한 자세였다. 주님이 가르쳐주신 기도에는 한없는 자유함과 엄격한 정밀함이 아름다운 균형과 조화를 이루고 있다.

이 완벽한 기도를 살펴보려 한다.

지금 우리가 사는 시대는, 절대적 진리란 없다고 주장한다. 모든 것이 상대적이라고 생각하기 때문이다. 따라서 기도하는 것에 있어서도 옳고 그릇됨을 따져서는 안 된다고 말한다. 오직 한 개인의 자유로운 표현 방법과 자기감정에 충실할 권리와 자기가 원하는 것을 마음껏 요구해도 된다는 특권만 강조할 뿐이다.

이러한 개성과 자아와 인권을 존중하는 것이 사역자의 참된 미덕이라고 선전한다. 그리고 이런 것이 예배의 다양성을 높이는 요소가 된다고 착각하고 있다.

결과적으로, 교회는 질서를 상실했고, 신앙은 기준을 잃었으며, 예배는 심히 혼란스럽다.

예전에 어느 미국교회에서 예배드리다가 한 청년의 대표 기도를 듣고 나는 경악을 금치 못했다. 그는 "Yo, Jesus!"라는 말로 기도를 시작했다. 'Yo'는 북미 필라델피아에서 1940년대에 이태리계 이민자들을 통해 유래된 감탄사로 쓰이는 속어다(WIKIPEDIA 'Yo' 참조). 자신이 속해 있는 패거리하고 대화할 때나 사용할 수 있는 은어이다. 번역하자면, "어이, 예수!" 정도의 뜻이다. 그 청년에게 예수 그리스도는 자기 짝패에 불과했는가! 친밀감을 나타낼 수만 있다면 어떤 표현이라도 자유롭게 해도 된단 말인가!

이것은, 상대주의 시대가 만들어낸 자기중심주의의 한 예라고 할 수 있다. 자기 개성을 마음껏 표현할 수 있고, 그것으로 인해 자신에게 자극이 되며, 본인이 그렇게 기도하는 것이 맞다고 생각되면 뭐든지 된다는 주의다. 이것이야말로 하나님보다 개성과 자아와 인권을 우선으로 한 교회가 맺어낸 악한 열매라고 할 수 있다.

너무나 가슴 아픈 것은, 이 열매의 향이 오늘날 수많은 성도에게서 감지된다는 사실이다. 표현의 다양성이라는 미명으로 우리 안에 슬그머니 들어와 깊이 스며든 교만과 무질서와 자기만족의 흔적이 너무나 뚜렷하다.

기도에는 절대적 기준이 존재한다. 절대적 대상을 향해 기도하는 것이기 때문이다. 그분이 요구하시는 분명한 틀이 있다는 뜻이다. 그분과 교제하기 위해 반드시 전제되어야 하는 것들이 있다.

예를 들어, 요한복음 14장 6절에서 주님은 그러한 전제조건을 다음과 같이 소개하고 있다.

"내가 곧 길이요 진리요 생명이니 나로 말미암지 않고는 아버지께로 올 자가 없느니라."

또 히브리서 11장 6절에서는 이렇게 안내하고 있다.

"하나님께 나아가는 자는 반드시 그가 계신 것과 또한 그가 자기를 찾는 자들에게 상 주시는 이심을 믿어야 할지니라."

이 외에도 성경은 서슴지 않고 하나님께 접근하는 자세를 자세히 말해준다.

이제 우리는 우리 방식대로, 우리 생각에 좋은 모양대로 주님께 나아가는 것을 멈추고, 주님의 방법으로 주님의 초대에 의하여 주님을 향해 나아가길 원한다. 이 어지러운 때에, 주님의 절대적 기준으로 들어가길 소원한다. 그래서 주님이 우리에게 그토록 원하신 관계와 교제가 온전히 회복되길 바란다. 그래서 드디어, 우리가 주님의 뜻을 바로 이해하고, 그 뜻을 정확하게 이루어드리길 간절히 갈망한다.

　이것을 위한 첫걸음은 다음과 같은 애절한 부탁으로 뗄 수 있으리라 믿는다.

> **"**
>
> 주여,
>
> 우리에게
>
> 기도를 가르쳐주소서!
>
> **"**

contents

Prologue

1
chapter

하늘 아버지께 드리는 자녀의 기도 15

"하늘에 계신 우리 아버지여!"

2
chapter

하나님의 이름을 위하여 기도하라 45

"하나님의 이름이 거룩히 여김을 받으소서!"

3
chapter

하나님의 나라를 위하여 기도하라 65

"하나님의 나라가 임하시옵소서!"

4
chapter

하나님의 뜻을 위하여 기도하라 91

"뜻이 하늘에서 이루어진 것같이
땅에서도 이루어지게 하옵소서!"

5 chapter **우리의 삶을 위하여 기도하라 117**
"우리에게 일용할 양식을 주옵소서!"

6 chapter **죄 사함을 위하여 기도하라 149**
"우리 죄를 사하여주옵소서!"

7 chapter **끝까지 승리하기 위하여 기도하라 181**
"시험에 들게 마시고 악에서 구하소서!"

Epilogue

"

그러므로 너희는 이렇게 기도하라

하늘에 계신 우리 아버지여

이름이 거룩히 여김을 받으시오며

나라가 임하시오며

뜻이 하늘에서 이루어진 것같이 땅에서도 이루어지이다

오늘 우리에게 일용할 양식을 주시옵고

우리가 우리에게 죄 지은 자를 사하여준 것같이

우리 죄를 사하여주시옵고

우리를 시험에 들게 하지 마시옵고

다만 악에서 구하시옵소서

나라와 권세와 영광이

아버지께 영원히 있사옵나이다 아멘

마태복음 6:9-13

"

그러므로 너희는 이렇게 기도하라
하늘에 계신 우리 아버지여…

마 6:9

1

CHAPTER

하늘 아버지께 드리는
자녀의 기도

하늘에 계신
우리 아버지여!

한줄기 참된 빛

지금 우리는, 인간의 말이 너무 많은 시대를 살아가고 있다. 수많은 사역자들의 입에서 쏟아져나오는 무수한 말들이 마치 화려하고 찬란한 무대조명 같다는 생각을 해본다. 그들의 말이 진짜 빛이 차단된 밀폐공간에서 더 두드러지는, 일시적이고 인공적인 광선을 연상시키기 때문이다.

사람들은 그 인위적인 빛에 현혹되어 스포트라이트에 비친 설교자를 우상화하는 우를 범하곤 한다. 비록, 그들이 비본질적인 메시지를 전한다 해도 그들의 말을 매우 소중히 여긴다. 이런 환경 속에서 우리는 참된 빛을 제대로 흡수하지 못하는 장애를 갖게 되었다. 영적 알비노(albino, 선천성 색소 결핍증) 환자들이 되어버린 것이라 할 수 있겠다.

한 가지 구체적인 예를 들어보자. 주님이 가르쳐주신 기도에 대해서는 어떤 충격도, 흥분도, 기대도 느끼지 못하지만, 누군가의 성공담을 향해선 귀가 솔깃하지 않은가? 그러나 나는 알리고 싶다. 주님이 가르쳐주신 기도는 참된 빛의 한 줄기라는 사실을! 아무리 무대조명이 화려하고 눈부시다 하여도, 그 빛으로는 절대 꽃나무가 자라지 않는다. 반대로, 단 한줄기일지라도 참된 빛이라면 초목의 성장도 끝내 이뤄낼 것이 분명하다.

예전에 중국에서 사역할 때, 내가 만났던 이들이 기억난다. 1966년에 문화대혁명이 시작되며 교회를 향한 극심한 핍박이 일어났다. 하루아침에 성경은 금서가 되었고, 예배는 폐지되었으며, 성도들은 쫓기는 신세가 되어버렸다. 중국 전체가 모든 빛이 차단된 영적 암실이 되어버린 것이다. 그러나 그때로부터 약 반세기 이상 흐른 지금, 중국의 기독교 인구는 1억 명을 능가한다고 보고되고 있다. 그들 중 무수한 이들이 끔찍하고 가혹한 환경에서 믿음을 지켜낸 사람들이다. 사역하다가 가끔 그렇게 믿음을 지켜낸 신앙의 용사들을 만날 수 있었다. 험한 길을 달려오신 신앙의 선배들에게 나는 물었다.

"모든 것이 차단된 환경 속에서 어떻게 복음을 받아들이고 믿음을 지켜냈습니까?"

나에게 돌아온 답은 매번 나를 놀라게 했다. 그들은 이렇게 대답했다.

"유일하게 암송하고 있던 성경 말씀 한 구절을 통해 예수님을 만났어요!"

혹은 이렇게 간증했다.

"주일학교 때 배웠던 성경 말씀 몇 구절을 곱씹으며 어려운 시절을 이겨냈어요!"

그들은 어떤 유능한 설교자의 미사여구를 떠올리지 않았다. 잘 짜인 프로그램을 주장하지 않았다. 그들은 순전히 하나님 말씀의 능력을 경험했을 뿐이다.

그렇다! 생명은 하나님의 말씀으로만 말미암는다. 아무리 화려하고 찬란한 조명이라 해도, 그 빛으로는 절대 생명을 낳지 못한다. 마찬가지로 사람의 잔소리로는 절대로 아름다운 열매를 맺을 수 없는 법이다. 하지만 비록 몇 마디밖에 안 되는 가는 빛줄기라 하여도, 그것이 참된 빛이라면 거기서는 반드시 새로운 생명이 탄생하기 마련이다.

신종 코로나바이러스는 우리의 신앙 환경에 큰 변화를 가져다주었다. 집단 활동이 제재되고 공동 모임이 제한되는 조건 속에서, 우리는 영적 암실에 감금된 것과 같은 경험을 하게 되었다. 나는 이런 시대적 흑암 속에서, 한줄기 빛을 재발견하였다. 바로 주님이 가르쳐주신 기도다!

주님이 가르쳐주신 기도

주님이 가르쳐주신 기도는 사람의 말이 아니다. 생명의 말씀이다. 영원히 변하지 않는 진리다. 우리 신앙의 방향성이다. 믿음의 경주를 달려내기 위한 원동력이다. 그래서 주님이 이렇게 알려주지 않으셨는가?

그러므로 너희는 이렇게 기도하라 마 6:9

안타깝게도 많은 사람들이 주님이 가르쳐주신 기도에 대해서는 무감각하지만, 사람의 말에는 열광한다. 우리의 입술에 담기는 '주기도문'은 예배 순서의 한 부분에 지나지 않을 때가 너무 많다. 이처럼 오늘날, 하나님의 말씀은 비본질에 덮이고, 사람의 말이 강단을 정복해가고 있다. 그곳에 모여드는 사람들은 소금물을 마시는 것과 다름없다. 그 말을 듣는 순간에는 무언가 채워지는 듯하나, 돌아서면 영적으로 갈해 있는 자신을 발견하게 된다.

하지만 나는 경험했다. 주님이 가르쳐주신 기도로 깊이

들어갈 때, 나의 영혼은 소생되었고, 삶의 우선순위는 견고해졌으며, 인생의 수수께끼는 그 실마리가 풀리기 시작했다. 그래서 나는 동시대를 살아가는 주님의 가족들과 이 기도를 나누고 싶다. 사람의 말이 아니라, 주님이 가르쳐주신 기도에 귀를 기울여보고 싶다.

바라기는, 이 기도에 담긴 주님의 본심을 조금이나마 바로 이해하는 것이다. 그래서 눈물 없이는 이 기도를 고백할 수 없는 날이 우리에게 찾아오기를 기대하는 것이다.

너희는 이렇게 기도하라!

몇 년 전에 나는 허리통증과 그로 인한 다리 저림으로 고생을 했다. 아마도 앉아 있는 시간이 너무 많아서 그랬던 것 같다. 비행기나 기차를 타고 장거리를 이동하는 것부터 설교 준비를 하는 것까지 나는 삶의 상당 부분을 앉은 자세로 지내왔기 때문이다. 그래서 굳어버린 골반과 어깨를 다시 활성화하기 위해 필라테스를 시작했다.

필라테스는 내가 하게 되리라고는 전혀 상상도 못 했던 운동이었다. 하지만 해보니 나에게 큰 도움이 되었다. 처음에는 호흡하는 연습부터 시작했다. 이미 한평생 해온 호흡을 연습한다는 것이 얼마나 우스운 일인가? 숨 쉬는 것은 무의

식적으로도 하는 일인데, 그것을 다시 배운다니 도저히 이해가 되지 않았다. 하지만 나는 필라테스 호흡법을 열심히 배우고 연습했다. 그리고 나의 삶은 크게 변화되기 시작했다.

호흡은 생명체의 가장 기본적인 기능이다. 즉, 호흡을 제대로 하지 못한다는 것은 이미 생존의 기본부터 흐트러져 있다는 뜻이다. 반대로, 호흡을 바로 할 수 있다는 것은 우리에게 많은 유익을 준다. 나는 숨 쉬는 법을 새롭게 배움으로내 몸 구석구석의 상태와 반응을 인지하기 시작했다. 지속된 긴장으로 인해 완전히 경직되어 있던 부분들이 조금씩 감지되었다. 그 덕분에 오랜 기간에 걸친 잘못된 자세로 무너져버린 신체 균형을 교정할 수 있었다. 기류와 같이 내 안에 흐르는 에너지를 올바른 통로로 집중시켜 사용하는 법을 배웠으며, 어떤 동작을 할 때 불필요한 근육이 사용되지 않도록 호흡을 조절하는 훈련을 거듭했다.

기도는 영혼의 호흡이라는 사실을 우리는 너무나 잘 알고 있다. 사도 바울은 데살로니가전서 5장 17,18절에서 다음과 같이 권면한다.

"쉬지 말고 기도하라 … 이것이 그리스도 예수 안에서 너희를 향하신 하나님의 뜻이니라."

이렇게 중요한 기도를 중단하는 것은 분명 치명적인 문제다. 하지만 우리는 또 하나의 심각한 상황을 생각하지 않을 수 없다. 바로 올바른 영적 호흡법을 모르고 있다는 것이다.

누가복음 11장 2-4절과 마태복음 6장 9-13절은 나란히 주님이 가르쳐주신 기도를 기록하고 있다. 누가복음 11장에서는 주님과 제자들 사이에서 오간 대화에 귀를 기울여볼 수 있다. 세례 요한이 그 제자들에게 기도를 가르쳐준 것같이 자기들에게도 기도를 가르쳐달라고 한 제자가 주님께 요청했다. 누가복음 11장에 기록된 주님이 가르쳐주신 기도는, 제자의 요청에 주님이 대답하신 내용으로 기록되어 있는 것이다. 그러나 마태복음 6장은 주님이 산상수훈의 한 부분으로 기도를 가르쳐주시는 내용이라고 할 수 있다.

여기서 한 가지 주목하고 싶은 부분이 있다. 영어 성경 KJV는 누가복음 11장 2절의 "너희는 기도할 때에 이렇게 하라"라는 부분을 "When ye pray, say"라고 번역하고 있다. 직역하면 "너희가 기도할 때에는 이렇게 말하라"이다. 하지만 마태복음 6장 9절은 "After this manner therefore pray ye"라고 번역되어 있다. "너희는 이와 같은 방식으로 기도하라"는 뜻이다. 차이는, 누가복음의 기록은 정확한 기도문을 제공하고 있지만, 마태복음의 기록은 기도에 대한 하나의 가이드라인을 알려주고 있다는 점이다.

우리에게는 두 가지 다 필요하다. 정확한 기도문을 외우는 것은 모든 군더더기를 다 쳐내고 가장 명료한 표현으로 아버지께 나아가는 것이다. 여기에는 나의 자아나 주장이나 의견이나 혹은 의제가 끼어들 공간적 여유가 없다. 오직 주님이 가르쳐주신 표현만이 존재할 뿐이다.

이러한 기도를 온전히 드리게 되면, 우리 안에 있는 모든 것이 하나님의 기준으로 정밀하게 나열되는 듯한 경험을 할수 있다. 마치 세계 여러 곳을 다니며 흐트러졌던 나의 숨이 필라테스 호흡 리듬에 다시 정렬되듯이 말이다. 거친 호흡은 진정되고, 얕은 호흡은 깊어지며, 무질서한 호흡은 리듬을 찾게 된다.

하지만 동일한 기도문을 반복할 때, 매너리즘에 빠질 수 있다는 큰 위험이 따른다. 내용에 대한 분명한 이해나 심장을 시리게 하는 진정성은 온데간데없고, 오직 종교예식만 남게 되는 것이다. 그래서 주님은 기도의 가이드라인도 알려주셨다.

"너희는 이렇게(이와 같이) 기도하라"(마 6:9).

이는, 주님이 기도의 본질을 소개해주신 것이다. 기도를 위한 굵은 기둥들을 세워주고자 하셨던 것이다. 그리고 이렇게 세워진 건전한 틀 안에서 마음껏 아버지께 간구할 수 있는 길을 열어주신 것이다.

마태복음 6장 9-13절에 기록되어 있는 주님이 가르쳐주신 기도를 통해, 우리가 올바른 영적 호흡법을 학습하길 원한다. 기도의 본질을 바로 이해하게 되길 바란다. 개인적인 경험이나 생각이 아니라, 주님이 세워주신 기둥이 우리 기도의 틀이 되기를 간절히 소망한다.

그렇게 세워진 건전한 기도의 틀 안에서 우리는 아버지께 무엇이든지 원하는 대로 구할 수 있게 될 것이다. 그러면 우리의 신앙은 회복되고, 삶은 정돈되며, 인생의 수수께끼에 새로운 빛이 비치게 되리라 확신한다.

누구에게 기도하는가?

마태복음 6장 5-15절에서 주님은, 우리가 기도할 때 반드시 명심해야 하는 내용들을 설명해주신다. 주님은 기도가 길다고 하여 응답되는 것이 아님을 일러주셨다.

> 또 기도할 때에 이방인과 같이 중언부언하지 말라 그들은 말을 많이 하여야 들으실 줄 생각하느니라 그러므로 그들을 본받지 말라 구하기 전에 너희에게 있어야 할 것을 하나님 너희 아버지께서 아시느니라 마 6:7,8

여기서 확인할 수 있는 한 가지 중요한 사항이 있다. 우리가 '어떻게 기도하는가'보다 먼저 염두에 두어야 할 것이 있다는 사실이다. '누구에게 기도하는가'가 우선으로 정리되어야 한다.

우리가 기도하는 대상이 '하늘에 계신 분'이라는 사실이 전제된다면, 우리의 기도는 변할 수밖에 없다. 기도의 말수가 줄어드는 것이 마땅하다. 예수님은 "말을 많이 하여야 들으실 줄" 생각하는 이들을 향해 우리가 기도하는 대상이 누구신지를 말씀해주신다. 우리가 기도하는 분은 하늘의 하나님이시다. 그리고 그분은 우리가 구하기도 전에 우리에게 있어야 할 것을 먼저 아시는 분이시다.

성경에 보면, 하나님의 임재를 경험한 사람들의 말수가 현저히 줄어드는 것을 목격할 수 있다. 하나님의 임재 앞에서 모세는 하나님 뵈옵기를 두려워하여 얼굴을 가렸으며, 이사야는 어떤 소원을 호소하기보다 자신의 죄 문제에 대하여 한탄하기 바빴다.

욥과 친구들은 너무 많은 말을 한 것으로 인하여 주님께 꾸지람을 들었다. 스바냐서 1장 7절은 "주 여호와 앞에서 잠잠할지어다"라고 일러주고 있으며, 스가랴서 2장 13절은 "모든 육체가 여호와 앞에서 잠잠할 것은 여호와께서 그의 거룩한 처소에서 일어나심이니라"라고 경고하고 있다. 더 나아가 전도서 5장 2절은 다음과 같이 기록하고 있다.

"너는 하나님 앞에서 함부로 입을 열지 말며 급한 마음으로 말을 내지 말라 하나님은 하늘에 계시고 너는 땅에 있음이니라 그런즉 마땅히 말을 적게 할 것이라."

우리는 얼마나 많은 기도 제목으로 얼마나 오래 기도하는지에 온통 관심을 쏟고 있지 않은가? 물론, 이것도 중요하지만, 이런 것들보다 더 중요한 것이 있다. 바로 우리가 기도하는 대상인 하나님이 어떤 분이신가 하는 것이다.

그렇다! 기도의 출발점은 '하나님은 누구신가'여야만 한다. 그 질문에 대한 답을 주님이 가르쳐주신 기도에서 찾아보자. 우리 주님은 기도의 가장 초입 부분에서 기도의 대상을 분명히 하고 계신다.

누구의 아버지이신가?

우리 기도의 대상은 하나님이시다. 그리고 예수님은 우리에게 그분을 "우리 아버지"라고 부르라고 가르쳐주셨다.

너희는 이렇게 기도하라 하늘에 계신 우리 아버지여 마 6:9

하늘에 계신 하나님 아버지는 '우리' 아버지시다. '우리'라는 표현은 매우 간략하지만, 아주 풍성한 의미를 내포하고 있다. 구체적으로 어떤 의미들이 담겨 있는지 잠시 살펴보자.

이스라엘뿐 아니라 온 열방을 초대하는 표현

신약성경은 '코이네 헬라어'(Koine Greek)로 기록되었다. 이것은 세계정복을 위해 군사작전을 오랫동안 집행한 알렉산더 제왕 시절 형성된 언어다. 그리스 시인 호메로스가 집필한 〈일리아스〉와 〈오디세이〉는 고대 헬라어(Classic Greek)로 구성되었는데, 이는 미적·문학적 감각이 매우 뛰어난 언어이다. 이에 반해 코이네 헬라어는 군사작전 시행 시 전투 현장에서 사용하며 형성된 까닭에 상당히 투박하며 정밀하다. 군더더기가 없는 언어란 뜻이다.

내가 신학대학원에 다니던 시절에 한 가지 궁금한 것이 있었다. '수많은 언어 중에 하나님께서는 왜 이런 투박하고 정밀한 언어를 선택하여 신약성경을 쓰셨을까?' 하는 의문이었다. 그것에 대해 나는 두 가지 이유를 발견했다.

첫째로 신속한 복음 전파를 위하여 이 언어를 선택하신 것이 분명하다. 신약성경의 가장 중심부에는 땅끝까지 복음을 전하라는 '지상명령'이 숨쉬고 있다. 따라서 가장 명료한 언어로 신속하게 복음을 전파하시고자 했던 것으로 생각한다.

둘째로 영적인 말씀 선포를 위하여 이 투박한 언어를 선택하셨다고 확신한다. 만약, 성경의 초점이 예술적인 것에 맞춰져 있었다면, 그것을 전달하는 설교자도 미사여구를 구사하는 것으로 평가받았을 것이다. 그러나 신약성경은 군더더기 없는 언어로 기록되었다. 따라서 그것을 신실하게 전달하고 자 한다면, 설교자 역시 필요 없는 말을 최대한 줄여야 하는 것이다. 이것은 우리가 인간의 말을 의지하는 것이 아니라, 성령의 역사를 의지하게끔 해준다.

여기서 한 가지 더 궁금한 게 생긴다. 신약성경은 코이네 헬라어로 기록되었다고 하지만, 예수님이 실제로 가르치실 때는 무슨 언어로 가르치셨는가? 그 답은 아람어(Aramaic) 이다. 언덕에서 산상수훈을 설교하셨던 날, 우리 주님이 그 거룩한 입술에 담으신 언어는 그 시대의 링구아-프랑카(국제 어)인 그리스어도 아니요, 선민들의 언어인 히브리어도 아니 었다.

당시, 그리스어를 능통하게 구사하는 사람들은 지식층이 나 권력층이었다. 오랜 세월 동안 이스라엘은 그리스와 로마 의 식민지 생활을 해왔기에, 정치권에 진출하기 위해서는 그리 스어로 소통할 수 있는 사람이어야 했다. 반대로, 히브리어는 매우 배타적인 언어였다. 히브리어를 모국어로 사용하는 것 은 선택받은 백성이 누릴 수 있는 특권이었다. 하지만 아람어 는 사회적 기득권층의 언어도 아니요, 특별한 민족에 사용이 허락된 언어도 아니었다. 아람어는 서민들의 언어였다.

주님이 "하늘에 계신 우리 아버지여"라고 말씀하셨을 때 사용하셨던 단어인 'abba'(아바)는 아람어이다. 사람들은 매우 놀랐을 것이다. 주님은 유식한 헬라어로 "아버지"를 부르지 않으셨다. 혹은 하나님과 가장 가까운 관계라고 자부하였던 유대인들의 언어도 동원하지 않으셨다. 서민들의 언어인 아람어로 "아바"라고 부르셨다.

주님이 "너희는 이렇게 기도하라"고 하시면서, 기도의 대상을 '아바'라 부르라고 하신 것은, '하나님은 특권층의 하나님이 아니시다! 특정한 백성만의 하나님이 아니시다! 너희 모두의 아버지시다!'라고 선포하신 것이다. 즉, 주님은 '온 열방이여, 아버지께 서슴지 말고 나아오라'라고 우리 모두를 초대해주신 것이다.

외인이 아니라 시민으로 영접하신다는 표현

성경에서 말하는 '이방인'의 개념은 단순히 외국인 혹은 비(非)유대인이라는 뜻이 아니다. 이방인은 'an alien'(외인)이라는 뉘앙스를 지니고 있다.

유대인과 이방인 사이에는 하나님의 성전에 진입할 수 있는 범위에 큰 차별이 있었다. 성전 가장 중심인 지성소는 하나님의 임재가 있는 곳이다. 하나님과의 가장 은밀한 관계가 이루어지는 현장이다. 유대인들은 지성소와 매우 가까운 곳에 위치한 성전 안쪽 뜰까지 진입이 허용되었었다. 그러나 이방인들은 바깥 뜰까지만 입장이 가능했다. 즉, 이방인은 철저히 '외인'(外人, 밖에 있는 사람)이었다. 이방인이 하나님과 교제할 수 있는 데는 엄격한 한계가 존재했다는 뜻이다.

그래서 이스라엘 민족은 더 자신 있게 '우리 하나님'이라고 말할 수 있었을 것이다. 이 표현 안에는 "아브라함의 하나님, 이삭의 하나님, 야곱의 하나님"이라는 민족 뿌리에 대한 자부심도 굳게 자리 잡고 있었다. 이것이 이스라엘의 선민의식의 심리 구조다.

그러나 주님은 '아바'라고 말씀하시며 우리 모두에게 하나님을 감히 "우리 아버지"라고 부를 수 있는 특권을 허락해주셨다. 즉, 이제는 안뜰로 들어오라는 초대였다. 더는 외인이 아니라 하나님나라의 시민이 되었다는 선언이다.

예수 그리스도의 이러한 공로에 대하여 사도 바울은 다음과 같이 정리한다.

그때에 너희는 그리스도 밖에 있었고 이스라엘 나라 밖의 사람이라 약속의 언약들에 대하여는 외인이요 세상에서 소망이 없고 하나님도 없는 자이더니 이제는 전에 멀리 있던 너희가 그리스도 예수 안에서 그리스도의 피로 가까워졌느니라 그는 우리의 화평이신지라 둘로 하나를 만드사 원수 된 것 곧 중간에 막힌 담을 자기 육체로 허시고 엡 2:12-14

주님은 우리가 하나님께 나아갈 수 있도록 그 중간에 가로막고 있는 담을 헐어주셨다. 족보 없는 우리가 족보 있는 가문에 입양되게 해주셨다. 이것을, 신약성경 곳곳에서는 우리가 '하나님의 양자 된 것'이라고 표현하기도 하고, 로마서에서는 '이스라엘이라는 참감람나무에 접붙임을 받았다'(롬 11:17 참조)라고도 소개하고 있다.

과연 우리는 "우리 아버지여!"라고 속삭이는 순간마다, 감격의 전율이 심장과 골수와 영혼까지 관통하고 있는가! 감히 "우리 아버지"라고 부를 수 있도록 허락하신 그 은혜에 감사의 눈물을 흘리고 있는가!

비유가 아니라 호칭으로 부르게 하신 표현

구약성경을 보면, 하나님을 아버지로 묘사하는 장면이 곳곳에서 발견된다. 비유를 사용하여 하나님을 '아버지와 같다'라고 소개하고 있다. 예를 들어, 신명기 1장 31절에는 "사람이 자기의 아들을 안는 것같이 너희의 하나님 여호와께서 너희가 걸어온 길에서 너희를 안으사 이곳까지 이르게 하셨느니라"라고 기록되어 있다. 이처럼 구약성경 구석구석에 하나님을 아버지로 비유하는 시도가 스며 있다. 하지만 하나님을 "우리 아버지"라는 호칭으로 감히 부르는 모험은 그 누구도 엄두를 내지 않았다.

그러나 예수님이 너무나 충격적인 기도를 우리에게 보여주셨다.

"너희는 이렇게 기도하라. 아바!"

비유가 아니라 호칭이었다! 하나님을 아버지라고 칭할 수 있는 유일한 존재는 하나님의 자녀뿐이다. 주님은 자신이 하나님의 아들이시라는 사실을 이와 같은 표현으로 우리에게 귀띔해주셨고, 우리도 하나님의 자녀라고 알려주신 것이다.

누군가를 '아버지 같은 분이시다'라고 소개하는 것과 '아버지'라고 부르는 것에는 큰 차이가 있다. 평상시에는 이 두 표현의 차이가 크게 느껴지지 않을 수도 있다. 하지만 위기에 처했을 때 그 차이는 크게 두드러진다. '아버지 같은 분'이라고 생각하는 대상에게 도움을 요청할 수 있는 한계와 '아버지'라고 부르는 대상에게 무언가를 부탁할 수 있는 한계는 다를 수밖에 없기 때문이다. 그렇기에 우리 주님이 하나님에 대하여 '아버지와 같은 분'이라고 말씀하지 않으시고, '아버지'라 부르라고 말씀하셨다는 것은 너무나 중요하다. 이것은 어떤 격식과 체면과 대가지불로 인하여 하나님 아버지 앞에 나아오는 것에 제한받지 말라는 초청이다!

어떠한 아버지이신가?

이제 '우리 아버지'는 어떤 분이신지 잠시 생각해보자. 우리는 우리가 가지고 있는 아버지상을 하나님께 투영한다. 우리가 가진 아버지에 대한 견해를 하나님께 반영하여 나타낸다는 뜻이다. 따라서 예수님이 "우리 아버지"란 표현을 사용하셨을 당시의 시대적 배경을 배제하고는 이 말씀의 파급력을 이해할 수 없다는 점을 우선 짚고 넘어가고 싶다.

고대 이스라엘은 심한 가부장적 사회였다. 그러므로 '아버지' 하면 일반적으로 사람들은 '권위'를 떠올렸을 것이다. '권위'란 개념은 책임과 의무, 훈계와 엄격함, 거리감과 차가움 등을 연상시킨다.

내가 뭔가를 잘하면 아버지의 따뜻함을 맛볼 수 있지만,

잘못하면 아버지의 차가움을 경험하는 구조다.

아버지에 대한 이런 왜곡된 고정관념을 가지고 있던 당시 유대인들에게 하나님 아버지에 대해 설명하기가 결코 쉽지 않았으리라 생각한다. 그래서 주님은 더 구체적으로 하나님 아버지에 대해 설명하셔야만 했다.

산상수훈의 중심이라고 할 수 있는 마태복음 6장에서, 예수님은 아버지에 대한 잘못된 인식을 깨뜨리는 작업을 시행하셨다. 가장 먼저, 육신의 아버지와는 달리 하나님 아버지께서는 눈에 보이는 선행을 근거로 우리를 대하지 않으신다는 사실을 알려주셨다. 조금 더 정확한 말로 표현하자면, '하나님 아버지는 형태가 아니라 중심에 관심이 있으신 분이시고, 결과가 아니라 교제를 소중히 여기시는 분이시다'라는 획기적인 말씀을 선포하신 것이다.

아버지와의 관계를 결과중심적으로 생각하는 사람들에게는 책임과 의무를 성공적으로 잘 감당하는 것이 매우 중요하다. 결과에 따라 훈계와 책망을 피할 수 있고, 아버지와의 거리도 가까워질 수 있으며, 아버지의 차가운 시선을 면할 수 있다고 믿기 때문이다.

인간의 가장 기본적인 관계성이라 할 수 있는 아버지와의 관계에 있어서 이런 사고방식은 사람들의 신앙생활에 크게 영향을 미칠 수밖에 없다. 구제할 때나 기도할 때, 금식을 할 때 보여주기식으로 했던 이유도 여기에 있다. 그러나 주님은 이런 신앙생활을 해온 사람들에게 다음과 같이 말씀하셨다.

네 구제함을 은밀하게 하라 은밀한 중에 보시는 너의 아버지께서 갚으시리라 마 6:4

너는 기도할 때에 네 골방에 들어가 문을 닫고 은밀한 중에 계신 네 아버지께 기도하라 은밀한 중에 보시는 네 아버지께서 갚으시리라 마 6:6

이는 금식하는 자로 사람에게 보이지 않고 오직 은밀한 중에 계신 네 아버지께 보이게 하려 함이라 은밀한 중에 보시는 네 아버지께서 갚으시리라 마 6:18

주님은 하나님이 '은밀한 중에 보시는 아버지'라는 사실을 강조하여 인이 박이도록 반복해서 일러주셨다. 주님은 이렇게 깨우쳐주고 계셨던 것이다.

'하늘에 계신 너희 아버지는 너희가 여태껏 알고 있었던 아버지와는 달라. 그분은 결과를 보시는 분이 아니라 중심을

보시는 분이야. 결과가 어떠하든지 하나님 아버지께서는 너희를 절대로 외면하지 않으신다.'

가부장적 사회에 살던 사람들이 가지고 있던 아버지에 대한 인식을 우리는 탕자의 비유에서 찾아볼 수 있다. 그런 사회에서 살아가는 사람들은 거의 모두가 첫째 아들과 같은 생각의 틀을 가지고 있기 마련이다. 그들은 아버지에게 인정받고 칭찬받고자 끊임없는 노력을 한다. 그들에게 아버지의 사랑은 거저 받는 선물이 아니라, 자기의 열심으로 이루어내는 성과다. 아버지의 용서와 긍휼과 은혜를 어색하게 여기는 이들에게 주님이 소개하신 아버지상은 그야말로 문화 충격이었다. 불순종한 아들을 끝까지 사랑으로 품으시는 아버지의 모습을 그들에게 보여주신 것이다.

더 나아가 하나님 아버지는 우리에게 깊은 관심을 가지고 계신 분이란 사실을 알려주셨다. '친밀한 관계'란 뜻이다. 이러한 관계이기에 하나님께서는 우리의 필요를 잘 알고 계신다고 설명해주셨다.

(너희가) 구하기 전에 너희에게 있어야 할 것을 하나님 너희 아버지께서 아시느니라 마 6:8

누군가를 향한 관심이 크면 클수록, 그 사람에 대한 지식도 커지는 법이다. 하나님 아버지께서 우리의 필요에 대하여 잘 알고 계시다는 것은, 주님의 관심이 우리에게 집중되어 있다는 증거다. 이 진리를 절실히 깨달은 베드로는 훗날 교회에 이렇게 권한다.

너희 염려를 다 주께 맡기라 이는 그가 너희를 돌보심이라 벧전 5:7

지금까지 살펴본 내용을 마음에 깊이 담고, 이제 한번 상상해보라. 가부장적 사회 한복판에서, 주님은 사람들에게 듣지도 보지도 못한 아버지상을 그려주시며 이어서 이렇게 말씀하셨다.

"너희는 이렇게 기도하라. 하늘에 계신 우리 아버지여!"

이것은 '하늘의 너희 아버지는 은밀한 곳에서 너희를 지켜보시는 분이시다. 그분은 결과를 보지 않으시고, 중심을 보시는 분이다. 너희에게 깊은 관심이 있으셔서, 너희가 무언가를 구하기도 전에 너희에게 있어야 할 것을 미리 아시고 채우시는 분이다'라고 하나님 아버지를 소개해주신 것이다.

어디에 계신 아버지이신가?

주님은 "우리 아버지"라는 기도에 "하늘에 계신"이라는 위치에 대한 단서를 달아주셨다. 이것은 어떤 지리적 위치보다도 지위적 위치로 이해하는 것이 정확하다.

'하늘에 계시다'는 것은 하나님 아버지가 '우주'라고 하는 어떤 피조세계 속에 존재하고 계시다는 뜻이 아니다. 이것은 그분의 거룩하심과 위대하심과 엄위와 권세와 영광을 나타내는 표현이라고 이해해야 한다. 주기도문의 가장 마지막 부분인 "나라와 권세와 영광이 아버지께 영원히 있사옵나이다"라는 문장은 주님이 가르쳐주신 기도에는 원래 포함되어 있지 않았다. 초대교회 교부들이 "하늘에 계신" 하나님에 대한 합당한 찬양을 기도 마무리 부분에 삽입한 것이라 추정된다. 어찌 되었든, 한 가지 분명한 것은, 예수님이 "우리 아버지"에 대하여 "하늘에 계신" 분이라고 소개하셨다는 점이다.

기도할 때 우리가 갖춰야 하는 필수조건이 있다. 절대로 균형을 잃어서는 안 된다는 것이다. 한 손에는 한없이 좋으시고 다정하시고 은혜로우신 '우리 아버지'라는 신학적 밧줄을 꼭 움켜잡고, 또 한 손에는 거룩하시고 위대하시고 엄위와 권세와 영광을 소유하신 '전능자 하나님'이라는 신학적 밧줄을 동시에 꼭 움켜잡아야 한다. 만약, 한 가지라도 놓치게 되면, 그 순간부터 우리는 우상숭배의 죄를 범하게 된다. 하나님이 하나님 되신 것이 아니라, 우리의 치우친 주장으로 하나님의 형상을 만들어내기 때문이다.

만약, "하늘에 계신"이 없고 "우리 아버지"만 있으면, 아무런 능력 없는 육신의 아버지에 지나지 않을 것이다. 반대로, "우리 아버지"가 없고 "하늘에 계신"만 있으면, 예수님의 사역이 무효화되는 것이다.

따라서 우리의 기도는 "우리 아버지"로 인한 안심과 "하늘에 계신" 분께 나아가는 긴장감이 공존해야 한다. 하나님의 품에 안기는 포근함과 그 임재 앞에 고꾸라져 엎드러지는 경외함이 조화를 이루어야 한다. 한없는 친밀함과 무한한 우러러봄이 동시에 묻어나야 한다.

그렇다! 우리의 기도는 아버지를 향한 사랑과 여호와 하나님을 향한 두려움이 건고한 두 기둥으로 세워져야만 하는 것이다. 그래야 비로소 참된 기도를 향해 첫걸음을 내디딜 수 있는 것이다. 이것이 주님이 우리에게 가르쳐주신 기도다.

이름이 거룩히 여김을 받으시오며

마 6:9

하나님의 이름을 위하여 기도하라

하나님의 이름이
거룩히 여김을 받으소서!

십계명의 거울

주님이 가르쳐주신 기도의 구조는 십계명의 형태를 그대로 반영하고 있다. 십계명의 첫 번째 계명부터 네 번째 계명까지가 하나님과 우리의 관계에 있어서 필수적인 명령이라면, 다섯 번째 계명부터 마지막 계명까지는 이웃과의 관계 속에서 요구되는 틀이라고 할 수 있다.

주님이 가르쳐주신 기도도 마찬가지다. 첫 번째 부분은 하나님을 향한 것들에 대한 간구이며, 두 번째 부분은 우리의 삶에 관한 내용이다. 이것이 바로 하나님의 원칙과 질서다. "먼저 그의 나라와 그의 의를" 구하면 "이 모든 것"이 바로 서게 되는 법이다(마 6:33 참조). 우리의 "영혼이 잘됨같이" 우리가 "범사에 잘되고 강건"하게 된다는 뜻이다(요삼 1:2 참조).

따라서 기도의 처음 부분에 등장하는 하나님의 이름과 나라와 뜻에 대한 간구는 그 후에 이어지는 우리 삶에 관한 기도 제목에 대한 조건과 토대와 전제가 된다.

하나님의 나라가 임하면 일용할 양식이 주어지는 것은 너무나 당연하다. 또 주님의 뜻이 이루어짐으로 구속사가 완성되어 우리의 죄가 사하여지지 않았는가! 그리고 주님은 그분의 거룩한 이름을 위하여 백성 된 우리를 시험과 악에서 지켜낸다고 약속하신다.

그렇다! 이제부터 우리가 살펴보고자 하는 주님의 이름과 그분의 나라와 뜻에 대한 간구는 우리의 신앙을 바로 세우는 기둥이다. 그렇다면 우리 신앙의 틀을 진단하고, 인생의 방향성을 확보하고, 원동력을 가동시키기 위하여 조금 더 구체적으로 주님이 가르쳐주신 기도의 첫 번째 간구를 살펴보자.

역사의 테마

우리는 역사 속에서 살아가고 있다. 역사는 하나님의 스토리이다. 시간과 공간이라는 영역에서 집행되는 하나님의 경영이라고 할 수 있다. 그래서 사람들은 재치 있게 역사를 'his-story'(그분의 이야기)라고 정의하기도 한다. 물론 'history'의 어원은 그와는 다르다. 헬라어 'historia'에서 유래한 이 단어의 본 의미는 '조사를 통하여 얻어낸 지식'이다. 그러나 과거의 모든 사건을 유심히 지켜볼 때, 우리가 항상 도출하게 되는 결과는 '역사는 하나님이 써가신다'는 확신이기에, '그분의 이야기'라는 표현이 참 어울린다고 생각한다.

모든 스토리에는 목적이 있다. 그 스토리를 통해 전달하고 증명하고자 하는 메시지가 있다는 말이다. 이런 주제를 문학적으로 '테마'라고 한다. 그럼, 하나님의 스토리의 테마는 무엇인가? 주님은 우리에게 무엇을 전달하고 증명하고자 하시는가?

주님이 가르쳐주신 기도에 그 답이 있다.

이름이 거룩히 여김을 받으시오며… 마 6:9

하나님 스토리의 테마는 너무나 명백하다. 자신의 이름을 거룩하게 하시는 것이다!

역사는 하나님의 이름을 거룩하게 하기 위하여 타협 없이 진행되고 있으며, 그 거침없는 흐름은 한 방향을 향하여 강하게 돌진하고 있다. 그 목적은 반드시 성취될 것이다. 마침내 하나님 이름의 거룩하심이 인정받는 것으로 역사는 마침

표를 찍게 되어 있다.

만약 우리의 인생이 그 물결의 흐름에 맞추어 함께 흘러간다면 에너지 소모가 덜할 것이다. 하지만 반대로, 전혀 다른 목적을 향하여 그 흐름에 역류하고자 한다면, 시간이 갈수록 지치고 만다. 결국, 탈진하여 침몰하는 운명을 맞게 될 것이다.

이제 우리 자신의 욕심과 계획과 의지를 내려놓고 역사를 써나가시는 그분의 파도에 올라타자. 주님의 이름이 거룩히 여김을 받으시는 것을 우리 존재의 이유로 삼자.

하나님의 이름

자, 그렇다면 그토록 거룩하게 여김을 받기 원하시는 '하나님의 이름'이란 도대체 무엇을 의미하는가?

하나님의 이름은 그분의 본질이다. 단순한 고유명사가 아니다. 그분의 모든 속성을 한마디로 압축한 표현이라고 할 수 있다.

하나님은 사랑과 은혜가 풍성한 분이시다. "여호와의 인자와 긍휼이 무궁하시므로 우리가 진멸되지 아니함이니이다 이것들이 아침마다 새로우니 주의 성실하심이 크시도소이다"(애 3:22, 23)라고 예레미야 선지자는 고백한다.

그뿐만 아니라 주님은 전능하시고, 전지하시며, 의로우신 분이라는 사실을 우리는 잘 알고 있다. 이외에도 너무나 다양한 말로 지존하신 그분의 본성을 감히 나타내고자 할 수 있을 것이다.

고대 유대인들은 하나님의 이름을 부르는 행위를 금지해왔다. 지극히 높으신 그분의 이름을 죄인 된 우리의 누추한 입술에 담을 수 없다고 느꼈기 때문이다. 마틴 로이드 존스는 《산상설교집》(Studies in the Sermon on the Mount)에서 이에 대해 다음과 같이 말한다.

"그들은 하나님을 가리킬 때 '그 이름'이라고 불렀다. '여호와'라는 용어를 피하기 위함이었다."

그러나 하나님은 우리와 친밀한 교제를 나누기 원하시는 분이시기에 자신에 대해 감추지 않고 계시하셨다. 단지, 우리가 소화해낼 수 있을 만큼씩 점진적으로 자신에 대해 알려주신 것이다.

마틴 로이드 존스는 이런 과정에 등장했던 하나님의 여러 이름을 소개한다. 처음에는 '엘'(El) 혹은 '엘로힘'(Elohim, 그의 능력)이라는 이름으로 우리에게 다가오셨다. 하나님의 전능하심과 통치하심에 대해 우리에게 가르치시기 위함이었다. 그다음에는 '여호와'(Jehovah, 스스로 계신 분)라는 이름으로 등장하셨다. 이외에도 우리는 하나님의 여러 가지 이름을 알고 있다. '여호와 이레'(Jehovah-jireh, 공급하시는 주님), '여호와 라파'(Jehovah-rapha, 치유하시는 주님), '여호와 닛시'(Jehovah-nissi, 우리의 깃발 되시는 주님), '여호와 살롬'(Jehovah-Shalom, 우리의 평안 되시는 주님), '여호와 라하'(Jehovah-ra-ah, 우리의 목자 되시는 주님), '여호와 치드케누'(Jehovah-tsidkenu, 우리의 의 되시는 주님), '여호와 삼마'(Jehovah-shammah, 여기 계시는 주님) 등등 우리에게 생소하지 않은 하나님의 많은 이름들이 있다. 하나님을 부르는 여러 표현들이 우리에게 익숙한 이유는 주님이 우리에게 그분을 보이셨기 때문이다. 하나님은 그토록 우리와의 교제를 원하셨던 것이다!

모든 관계는 이름에서 출발한다. 이름도 알지 못하는 대상과 인격적인 관계를 갖는다는 것은 불가능하다. 우리도 그렇지 않은가? 일반적으로 어떤 관계를 진정성 있게 시작하기에 앞서 반드시 자신의 이름을 소개한다. 그리고 그렇게 첫걸음을 뗀 교제 속에서 상대방에 대해 알게 되는 모든 내용을 '이름'이라는 틀 안에 차곡차곡 채워간다. 결국, '이름'을 떠올리면 그 사람에 대한 여러 가지가 생각나게 된다.

하나님은 역사 속에서 끊임없이 자신에 대해 알려오셨다. 그리고 최종적으로 예수 그리스도를 통하여 완전히 나타내주셨다.

아버지께서는 모든 충만으로 예수 안에 거하게 하시고 골 1:19

나를 본 자는 아버지를 보았거늘 요 14:9

우리는 모르는 신의 이름을 부르는 것이 아니다. 우리가 이미 보고, 듣고, 배우고, 깨닫고, 느끼고, 경험한 하늘에 계신 우리 아버지의 이름을 부르는 것이다.

우리에게 주님의 이름은 단순한 명칭이 아니다. 주님의 이름을 부르기만 해도 우리는 주체할 수 없는 감격을 경험한다. 받은 은혜가 너무 크기 때문이다. 주님의 이름을 떠올리기만 해도 우리는 가슴이 뜨겁게 달아오른다. 함께 걸어온 세월 속에서 맺혀진 보석 같은 추억이 많기 때문이다. 주님의 이름을 듣기만 해도 우리는 눈시울을 적신다. 눈물 없이는 말할 수 없는 고백이 있기 때문이다.

주의 이름을 더럽히지 않게 하소서!

주님의 이름은 우리에게 너무나 소중하다. 그래서 우리에게
는 간절한 소원이 있다. 그것은 주님의 이름이 더럽혀지지 않
는 것이다. 우리의 죄와 실수와 잘못으로 인하여 하나님의
이름에 손상을 입히는 안타까운 상황을 견딜 수 없기 때문이
다. 이러한 바람은 "이름이 거룩히 여김을 받으시오며"라는
간구의 소극적인 표현이라고 할 수 있다.

예언서를 보면, 하나님께서 이스라엘 백성을 왜 심판하실
수밖에 없었는지 그 이유를 잘 알 수 있다. 하나님의 이름을
더럽혔기 때문이다. 특히 에스겔서에는 '더럽히다'라는 단어
가 반복적으로 여러 차례 사용되고 있다. 그들은 우상숭배
를 비롯한 다양한 죄로 스스로를 더럽혔다.

너희가 조상들의 풍속을 따라 너희 자신을 더럽히며 그 모든 가증한 것을 따라 행음하느냐 겔 20:30

우상을 만들어 스스로 더럽히는 성아 겔 22:3

더 나아가 그들의 더러움은 사회를 오염시켰다. 한 사람의 바이러스 감염자로 인하여 전염병이 사회로 확산되듯이, 그들의 영적 문제로 인하여 이스라엘의 국가적 도덕성이 붕괴되기 시작한 것이다.

너희가 칼을 믿어 가증한 일을 행하며 각기 이웃의 아내를 더럽히니 그 땅이 너희의 기업이 될까보냐 하고 겔 33:26

그들의 행위로 그 땅을 더럽혔나니 겔 36:17

그뿐만 아니라 그들이 하나님의 성소와 규례를 더럽혔다고 주님은 지적하신다.

네가 모든 미운 물건과 모든 가증한 일로 내 성소를 더럽혔은즉 겔 5:11

나의 율례를 따르지 아니하며 나의 규례를 지켜 행하지 아니하였고 나의 안식일을 더럽힌지라 겔 20:21

주님은 이 모든 상황을 한마디로 정의하신다.

내 거룩한 이름을 더럽혔으므로 겔 43:8

즉, 하나님의 백성들의 죄와 실수와 잘못으로 인하여 하나님의 이름에 손상이 입혀졌다는 뜻이다.

'하나님의 이름을 더럽힌 백성을 심판하시면 해결되는 간단한 문제 아닌가?'

이렇게 단순하게 생각하는 사람들이 있을 것이다. 그러나 문제는 그렇게 단순하지 않다. 우리가 죄를 지으면 하나님은 한 딜레마 앞에 서시게 된다. 우리의 죄를 그냥 참고 넘어가실 것인가, 아니면 심판을 집행하실 것인가에 대한 선택을 하셔야 한다는 것이다.

만약 하나님께서 우리가 고통당하는 것을 원치 않으신다는 이유로 우리의 죄를 못 본 체한다고 가정해보자. 그러면 하나님의 이름이 손상을 입는다. 불의를 보고도 묵인하시는 하나님은 선하신 분도, 의로우신(righteous) 분도, 정의로우신(just) 분도 아니라는 결론이 날 수밖에 없기 때문이다. 혹은 우리가 죄를 저지른 사실을 모르고 계신다고 한다면, 하나님의 전지하심을 부정하는 셈이 될 것이다.

반대로, 하나님께서 우리를 심판하신다면 하나님을 향한 또 다른 비판을 피할 수 없다. 이스라엘의 경우가 그랬다. 바벨론을 들어서 이스라엘을 심판하심으로 하나님은 자기 백성을 멸망시키시는 분으로 비춰지게 되었다. 하나님의 신실하심에 금이 간 것이다.

혹 하나님께서 자기 백성을 지키기 원하셨지만 강대국의 힘이 워낙 세서 침략을 막지 못했다고 변명한다면, 결코 전능하신 하나님이라고 말할 수 없을 것이다.

한마디로, 하나님의 백성이 죄를 저지르는 순간, 하나님이 죄를 묵인하시든 심판하시든, 이렇게 하시든 저렇게 하시든 하나님의 이름에 손상이 가해지는 것은 불가피하다.

그럼, 이런 딜레마 앞에서 하나님은 어떻게 하셨는가?

일단 하나님은 이스라엘을 향한 심판을 진행하기로 결정하셨다. 하나님 자신의 이름을 지키셔야만 했기 때문이다. 그러나 또한 정해진 기일이 차면 이스라엘을 회복시키시기로 하셨다. 불의를 참지 않으시는 하나님은 죄를 저지른 백성을 분명 치셨지만, 그 채찍으로 인하여 상한 곳도 구석구석 싸매어주신 것이다.

이스라엘 백성이 길고 긴 포로 생활을 마치고 고토(故土)로 귀환할 때, 주님은 이렇게 말씀하셨다.

> 내가 이렇게 행함은 너희를 위함이 아니요 너희가 들어간 그 여러 나라에서 더럽힌 나의 거룩한 이름을 위함이라 여러 나라 가운데에서 더럽혀진 이름 곧 너희가 그들 가운데에서 더럽힌 나의 큰 이름을 내가 거룩하게 할지라 내가 그들의 눈 앞에서 너희로 말미암아 나의 거룩함을 나타내리니 내가 여호와인 줄을 여러 나라 사람이 알리라 주 여호와의 말씀이니라 겔 36:22,23

이 말씀에서 우리는 확인할 수 있다. 하나님은 이스라엘을 심판하심으로써 그분의 선하심과 의로우심과 정의로우심과 전지하심을 증명하셨다.

동시에 이스라엘을 구원하심으로써 하나님은 그분의 신실하심과 전능하심과 긍휼히 여기심과 무한한 사랑도 만민에게 확인시켜주셨다! 하나님의 이름이 거룩히 여김을 받으시게 된 것이다.

그렇다! "이름이 거룩히 여김을 받으시오며"라는 간구는 주님의 이름이 더럽힘을 받지 않게 해달라는 뜻이다. 이 안에는 우리가 주님의 이름을 더럽히지 않도록 "우리를 시험에 들게 하지 마시옵고, 다만 악에서 구하시옵소서"라는 애타는 호소가 깔려 있다. 우리에게 너무나 소중한 이름이기 때문이다. 더 나아가서 주님의 채찍이든, 치유의 손길이든 그 무엇을 동원해서라도 주께서 친히 주님 자신의 이름을 지켜달라는 애절한 소원이 담겨 있다.

나는 이 간구를 언제나 내 마음과 입술 가까운 곳에 두고 살아간다. 내가 예수님을 처음 만났던 어린 시절부터 오랜 시간이 흐른 지금에 이르기까지, 나에게는 한 가지 변함 없는 인생의 목적이 있다. 그것은 주님의 이름이 거룩히 여김을 받으시는 것이다.

하지만 주님의 거룩하신 이름과 그분의 종 된 나의 모습 사이에는 너무나 먼 간격이 존재한다. 나는 너무나 연약하고 부족하기에 지난 나의 세월은 주님의 영광을 가릴 수밖에 없는 가능성을 한가득 안고 조마조마하며 지나온 시간이라고 할 수 있다.

그러나 내가 주님을 찬양할 수밖에 없는 이유는, 주님의 징계와 위로가 내 삶에 언제나 함께했다는 사실이다. 주님은

그 이름의 거룩하심을 지켜내셨다. 그래서 나는 오늘도 이
간구를 끊임없이 읊조린다.

"이름이 거룩히 여김을 받으시오며…."

주의 이름이 으뜸 되길 원합니다!

지금까지 우리는 "이름이 거룩히 여김을 받으시오며"라는 간구를 소극적인 차원에서 살펴보았다. 이제 간략하나마 조금 더 적극적인 관점에서 이 간구에 접근해보자.

먼저 이 간구는, 주님의 이름이 으뜸 되길 원한다는 뜻이 담겨 있다. 성경에서 말하는 '거룩함'이란 단순한 도덕적 깨끗함을 의미하는 것이 아니라 성별됨, 즉 거룩하게 구별되는 것을 가리킨다. 이는 특별한 대우를 받는다는 것이고, 우선순위의 정상을 차지한다는 뜻이며, 탁월함이 인정된다는 의미다. 그러므로 "주님의 이름이 거룩히 여김을 받으시오며"는 우리의 삶에서 그러한 위치를 주님께 내어드린다는 선언이다.

마틴 로이드 존스는 이것을 한마디로 이렇게 요약한다.

"Lord, would You be #1 in my life!"(주님, 우리의 삶에 으뜸 되어주세요!)

이는 "우리의 일상에서 주님께 차별된 대우를 해드리겠습니다. 우리의 삶에서 주님을 최우선으로 모시겠습니다. 우리의 인생에서 주님을 최고로 인정하여 높여드립니다"라고 선포하는 것이다.

주의 거룩하심에 참여케 하소서!

이 간구에는 또 한 가지 의미가 있다. 이것은 주님의 이름에 합당한 존재로 우리를 변화시켜달라는 간구다. 거룩하신 그분과 교제할 수 있는 모습으로 우리를 빚어달라는 요청이다.

주님은 흠이 없으신 거룩한 분이시다. 따라서 주님과 교제하고자 하는 우리 역시도 흠이 없어야 하는 것이 마땅하지 않겠는가? 주님의 거룩한 본질을 공유하는 것이 주님과의 교제가 더 깊어질 수 있는 비결이라고 할 수 있다.

다른 사람과의 교제도 그렇지 않은가? 성품이나 세계관이나 가치 기준이 너무 다른 두 사람이 깊이 교제하는 것은 불가능한 법이다. 처음에는 서로의 다른 점에 일시적으로 끌릴 수는 있다. 하지만 가장 기본적인 속성에 있어서 너무나 다른 두 사람이 온전한 관계를 형성하는 것은 불가능하다. 그러므로 하나님의 '이름이 거룩히 여김을 받는다'는 것은 우리도 그분께 합당한 모습으로 변화되어가길 원한다는 기도다. 그래서 주님은 우리에게 다음과 같은 초대를 하지 않으셨는가?

> 너희는 거룩하라 이는 나 여호와 너희 하나님이 거룩함이니라
>
> 레 19:2

그분이 거룩하신 것처럼 우리도 거룩하여야 그분과의 교제가 깊어질 수 있다. 그분의 본질을 닮아야 그분과 동행할 수 있는 것이다. 이 기도는 주님의 거룩하심에 동참시켜달라는 기도다.

"이름이 거룩히 여김을 받으시오며…"

나라가 임하시오며…

마 6:10

하나님의 나라를 위하여 기도하라

하나님의 나라가
임하시옵소서!

하나님의 나라는 어디에 있는가?

예수님은 우리에게 "너희는 이렇게 기도하라"라고 하시며 하나님의 나라가 이 땅에 임하기를 위하여 기도하라고 알려주셨다.

"나라가 임하시오며."

앞에서 살펴봤듯이, '하나님의 스토리'인 역사(history)는 하나님 자신의 이름을 위하여 쓰여지고 있다. 그 역사를 진행하시는 하나님의 손길을 '하나님의 통치'라고 정의할 수 있을 것이다. 그리고 하나님의 통치는 '하나님의 나라'를 의미한다. 따라서 하나님이 역사를 통치하고 계시다는 사실은, 하나님의 나라는 이미 역사 속에 임하고 있다는 증거가 된다.

그렇다. 하나님의 나라는 멀리 있는 것 같지만, 실상 매우 가까이 있는 나라다. 하나님의 나라는 장래에 임할 것 같지만, 이미 우리 가운데 도래해 있는 나라이다.

하나님의 나라에 대해 주님은 이렇게 말씀하셨다.

바리새인들이 하나님의 나라가 어느 때에 임하나이까 묻거늘 예수께서 대답하여 이르시되 하나님의 나라는 볼 수 있게 임하는 것이 아니요 또 여기 있다 저기 있다고도 못하리니 하나님의 나라는 너희 안에 있느니라 눅 17:20,21

예수님이 하신 이 말씀에서 주목하고 싶은 것이 몇 가지 있다. 그 내용을 먼저 살펴보자.

유대인들의 편협한 인식

여기서 바리새인들은 하나님의 나라가 임하는 것을 알아볼 수 있는 표적을 보여달라고 주님께 요구했다.

"하나님의 나라가 어느 때에 임하나이까?"

여기서 바리새인들이 가리키고 있는 '하나님나라'의 개념이 매우 편협하다는 사실을 알 수 있다. 그들이 말하는 '하나님나라'는 이스라엘의 회복을 칭하고 있다. 메시아가 오셔서 이스라엘을 로마제국으로부터 해방시키는 역사를 언급하고 있는 것이다.

사실 "나라가 임하시오며"라는 기도가 유대인들에게는 그렇게 생소한 표현이 아니었다. 이미 오래전부터 기도해왔던 내용이기 때문이다. 고대 유대문화를 들여다보면 그들은 이미 오래전부터 이렇게 기도했다고 한다.

"The kingdom of Thy Messiah come…"(여호와 하나님께서 보내주시는 메시아의 왕국이 임하길 원합니다).

아주 오래전부터 그들에게는 '하나님의 나라가 언제 임하는가, 어떻게 임하는가'가 매우 큰 관심사였다. 그들에게 메시아의 통치는 '장래에 있을 사건'이었다. 그래서 그들은 "하나님의 나라가 언제 임합니까?"라고 질문한 것이다. '언제 오는가'라는 것이 장래를 바라보고 질문한 것 아닌가? 그리고 그들이 하나님의 나라를 알아보는 기준은, 메시아의 정치적 권세가 실행되는 시점이었던 것이다.

그러나 하나님의 나라는 장래에 임할 나라가 아니라, 예수 그리스도와 함께 이미 도래한 나라이다. 하나님의 나라는 이 땅의 이스라엘에 국한되지 않는다. 예수님은 이렇게 말씀하셨다.

내 나라는 이 세상에 속한 것이 아니니라 요 18:36

더 나아가 예수 그리스도는 정권을 획득하기보다 십자가를 지시는 메시아시다. 그러므로 그들의 편협된 개념으로는 절대 하나님의 나라가 임하는 것을 볼 수 없다고 주님은 말씀하셨던 것이다. 그래서 "여기 있다 저기 있다고도 못하리니" 엉뚱한 곳에서 하나님나라를 찾지 말라는 것이다. 왜냐하면 하나님의 나라는 장래에 있을 나라가 아니라 이미 있는 나라이고, 군사적으로 정치적으로 메시아가 이 땅에 와서 설립하는 나라가 아니라 십자가를 지시며 고난받으시는 종을 통해서 건설되는 나라이기 때문이다. 그렇기 때문에 주님은 그 기준이 흐트러진 상태에서는 아무리 하나님의 나라를 찾아보아도 발견할 수 없다고 말씀하신 것이다.

국경선이 보이지 않는 나라

주님이 말씀하신 내용에서 또 한 가지 주목해보고 싶은 것이 있다. 우리말로는 "하나님의 나라는 볼 수 있게 임하는 것이 아니요"라고 번역되어 있는데, 이 부분을 영어 성경 KJV으로 보면, "The kingdom of God cometh not with observation"(하나님의 나라는 관찰한다고 그 임하심이 나타나지 않는다)라고 번역되어 있다. 여기서 사용된 'observation'(관찰)이라는 단어는 헬라어 원어를 정확하게 번역한 표현이다.

이 단어는 의학적 용어로, 의사가 환자의 증상을 유심히 관찰하는 것을 의미한다. 이 말씀을 기록한 누가가 의사 출신이라 이런 단어를 선택한 것 같다.

하나님나라가 임하는 징조가 보이지 않는 이유는, 그 나라는 눈에 보이는 국경선이 존재하지 않기 때문이다. 한 나라(왕국)가 세워진다는 것은, 그 통치권의 경계선이 공식화된다는 뜻이다. 따라서 그 왕국에 속한 영역과 그렇지 않은 영역으로 확실히 나뉘게 된다. 예를 들어, 대한민국과 일본, 중국의 영토 영역이 분명히 나뉘는 것처럼 말이다.

하지만 하나님나라를 표시하는 국경선은 어디에도 존재하지 않는다. 그 이유는 주님의 영토가 불확실해서가 아니라, 우주 전체가 하나님의 통치권 아래에 있기 때문이다. 그러므로 세상의 관점으로는 아무리 하나님나라를 주시해도, 그 움직임을 헤아리는 것이 불가능하다. 즉, 이 말씀의 요지는 하나님의 나라는 이미 임하였고, 그 나라는 우리의 세상적 기준으로는 발견할 수 없다는 것이다.

하나님나라는 너희 안에 있다!

더 나아가 "하나님의 나라는 볼 수 있게 임하는 것이 아니요"라고 하신 또 한 가지 이유가 있다. 예수님은 그 이유를 이렇게 말씀하셨다.

"하나님의 나라는 너희 안에 있느니라."

너무나 놀라운 선포이다. 멀리 있다고 생각했던 하나님의 나라가 가장 가까운 곳에 있다는 것이다. 어떻게 이것이 가능할까?

한글 성경에는 '하나님의 나라'로 번역되어 있어서 어떤 지리적 위치를 연상하게 하는데, 이 부분을 영어 성경으로 보면 다음과 같이 번역하고 있다.

"The kingdom of God"(하나님의 왕국).

나는 이것이 헬라어의 의미를 보다 정확하게 번역한 표현이라고 생각한다. 이는 하나님의 통치 영역, 하나님의 주권, 하나님의 질서, 하나님의 정권을 의미하는 표현이다. 즉, 하나님의 나라는 어떤 지리적 위치이기 전에 하나님이 왕 되신 모든 영역이라는 뜻이다.

따라서 주님이 가르쳐주신 기도의 "나라가 임하시오며"라는 간구는, 주께서 우리 삶의 왕이 되어달라는 요청과 마찬가지다. 우리의 삶에 하나님의 통치가 이루어지고, 하나님의 질서가 세워지며, 하나님의 정권이 시행되기를 바란다는 간절한 고백이다.

이미, 그러나 아직

그런데 여기서 한 가지 주의해야 할 것이 있다. 앞에서 하나님의 나라는 장래에 임할 나라가 아니라 예수 그리스도와 함께 이미 도래한 나라라고 했다. 그러나 우리는 반드시 기억해야 한다. 지금 우리는 하나님나라의 완성을 향하여 여전히 나아가고 있다는 사실을 말이다.

다른 말로 표현하자면, 하나님의 나라는 이미 우리 가운데 와 있지만, 이제부터 임하게 될 왕국 현실도 존재한다는 것이다. 더 온전한 현실, 더 왕성한 현실 말이다. 따라서 "나라가 임하시오며"라는 간구는 장래에 임할 하나님나라를 향한 갈망의 표현이기도 하다. 하루빨리 주께서 이 땅을 완전하게 다스려주시기를 원하는 간절한 호소인 것이다.

바로 이것이, 천국의 아이러니다.

"Already, but not yet. Not yet, but already"(이미, 그러나 아직. 아직, 그러나 이미).

이 역설이야말로 이 땅을 살아가는 우리에게 건전한 균형을 허락해준다.

이 땅에 살지만 우리의 소망과 관심과 기준은 하늘나라에 있고, 우리의 소망과 관심과 기준은 하늘나라에 있지만 우리는 이 땅에 발붙이고 사는 사람들이라는 것이다. 그것을 다시 한번 인지시켜주고 확인시켜주고 오늘을 살아낼 원동력이 "나라가 임하시오며"라는 기도 안에서 허락되는 것이다.

하나님의 나라는 어떠한 나라인가?

우리는 지금까지 하나님의 나라는 이미 우리 안에 있다는 사실을 살펴보았다. 하나님의 나라가 우리 안에 있다면, 우리가 그 나라의 현실을 경험하는 것이 마땅하다. 하나님의 나라가 우리 안에 있다고 하는데, 그 왕국 현실이 우리 안에서 체감되지 않으면 진짜로 그 나라가 우리 안에 있는지 확인해봐야 할 필요가 있다. 그렇다면 하나님의 나라는 어떤 나라인가?

사실, 그 나라의 현실에 대해 다 살펴보는 것은 불가능하다. 하지만 우리의 이해를 돕기 위해 크게 세 가지로 나누어 왕국 현실을 정리해보려고 한다.

왕국 질서

첫째로 살펴볼 것은 '왕국 질서'이다. 마태복음 5장에서 주님은 산상수훈을 펼치시며 이렇게 말씀하셨다.

심령이 가난한 자는 복이 있나니 천국이 그들의 것임이요 마 5:3

이렇게 설교를 시작하신 주님은 말씀을 이어가시며 하나님나라에 대한 구체적인 그림을 그려주셨다. 그 그림 안에는 하늘나라의 시민이 되는 절차에 대한 안내가 있다. 우리가 다른 나라의 시민권이나 영주권을 따기 위한 절차가 그 나라의 외무부 홈페이지에 안내되어 있는 것처럼, 예수님은 천국에 대한 말씀을 하시며 그 나라 시민이 되기 위한 절차를 안내해주셨다.

심령이 가난한 자는 복이 있나니 천국이 그들의 것임이요 … 화평하게 하는 자는 복이 있나니 그들이 하나님의 아들이라 일컬음을 받을 것임이요 의를 위하여 박해를 받은 자는 복이 있나니 천국이 그들의 것임이라 마 5:3,9,10

천국 시민권을 따기 위한 조건들이다.

또한 주님이 그려주신 천국 질서의 그림 안에는 하늘나라 시민인 우리가 이 땅에 사는 동안 갖춰야 할 모습도 포함되어 있다.

> 너희는 세상의 빛이라 산 위에 있는 동네가 숨겨지지 못할 것이요 … 이같이 너희 빛이 사람 앞에 비치게 하여 그들로 너희 착한 행실을 보고 하늘에 계신 너희 아버지께 영광을 돌리게 하라
>
> 마 5:14,16

이어서 하늘나라 시민은 이 땅의 율법을 초월한 사람들로서, 어떻게 살아야 하는지에 대한 설명도 있다.

> 내가 너희에게 이르노니 너희 의가 서기관과 바리새인보다 더 낫지 못하면 결코 천국에 들어가지 못하리라 마 5:20

그리고 더 나아가서 하늘나라 시민이 준수해야 하는 의로움의 기준에 대한 구체적인 안내로 이어진다. "너희가 지금까지 이렇게 들었으나, 나는 너희에게 이르노니…"의 문장 구조로 몇 가지 기준을 제시하고 계신다(마 5:21-47 참조).

나는 너희에게 이르노니 … 형제를 대하여 … 미련한 놈이라 하는 자는 지옥 불에 들어가게 되리라 마 5:22

나는 너희에게 이르노니 음욕을 품고 여자를 보는 자마다 마음에 이미 간음하였느니라 마 5:28

나는 너희에게 이르노니 (그 어떠한 것을 두고도) 도무지 맹세하지 말지니 마 5:34

나는 너희에게 이르노니 악한 자를 대적하지 말라 … 네 오른편 뺨을 치거든 왼편도 돌려 대며 마 5:39

나는 너희에게 이르노니 너희 원수를 사랑하며 마 5:44

즉, 우리는 이 땅에서 살아가고 있지만 이 땅의 율법을 초월한 기준으로 살아가는 존재임을 알려주는 것이다.

주님은 계속해서 하늘나라 시민으로서 구제하는 방법, 기도하는 방법, 금식하는 방법, 제물을 하늘에 쌓는 방법에 대한 설명을 이어가신다(마 6장 참조). 그리고 마태복음 7장으로 넘어가면서 하늘나라 시민이 무사히 본향에 입성하기 위한 도전으로 산상수훈은 마무리된다.

> 구하라 그리하면 너희에게 주실 것이요 찾으라 그리하면 찾아낼
> 것이요 문을 두드리라 그리하면 너희에게 열릴 것이니 … 좁은
> 문으로 들어가라 멸망으로 인도하는 문은 크고 그 길이 넓어 그
> 리로 들어가는 자가 많고 생명으로 인도하는 문은 좁고 길이 협
> 착하여 찾는 자가 적음이라 마 7:7,13,14

마지막 천국 경주를 이렇게 달려내라는 것이다.

지금까지 간략하게 살펴본 내용을 조금만 생각해보아도 우리는 하나님나라의 모습에 대해 쉽게 짐작하고 기대할 수 있다. 하나님나라의 시민들이 진정 이런 모습이라면, 그들이 이루어내는 사회는 얼마나 좋은 곳일까? 심령이 가난한 자들이 모여 사는 사회, 온유한 자들이 모여 사는 사회, 화평케 하는 자들이 모여 사는 사회, 세상의 율법을 초월한 기준으로 사는 사람들이 모여 사는 사회, 좁은 길을 가는 사람들이 모여 사는 사회. 그런 사람들이 모인 사회라면 얼마나 좋겠는가?

마태복음 5-7장의 산상수훈을 비롯하여 주님이 선포하신 말씀은 하나님의 왕국 질서를 세우기 위한 인프라 작업이었

던 것이다. 다시 말해, 하늘나라의 명확한 청사진을 제시해 주신 것이다.

따라서 "나라가 임하시오며"라는 기도야말로 주님의 마음에 완전히 합한 간구가 아닌가 생각된다. 하늘 왕국의 설계자 되신 우리 주님이 그토록 바라시는 그림이 이루어지기 위한 기도이기 때문이다. 즉 "나라가 임하시오며"라는 기도는 "주님이 그토록 세우기 원하셨던 나라가 세워지기를 원합니다. 주님이 그토록 꿈꾸셨던 사회가 구축되기를 원합니다. 주님이 그토록 건설하기 원하셨던 질서가 우리 안에 실행되기를 원합니다"라는 간구이다. 그리고 "그렇게 살아내겠습니다"라는 결단이다.

천국이 어떤 곳인지 궁금한가? 멀리서 찾지 말라. 내일을 기다리지 말라. 징조에 집중하지 말라. 천국은 천국 주인의 음성에 귀를 기울여보면 보인다.

왕국 권세

두 번째로 살펴볼 왕국 현실은 '왕국 권세'이다. 천국은 왕국 권세가 집행되는 곳이다. 하나님나라는 다름 아닌 주님의 통치 영역이라고 이미 이야기했다. 그렇다면 다른 주권이 더 이상 행사될 수 없다는 뜻이다. 다른 어떤 통치권이 더 이상 인정될 수 없다.

이스라엘에는 여러 명의 왕이 있었다. 그 가운데는 다윗 같은 좋은 왕도 있었다. 하지만 이스라엘 역사를 들여다보면, 너무나 많은 악한 왕들이 있었음을 확인할 수 있다. 그들은 이스라엘 백성을 온전한 길로 인도하지 못한 악한 목자였다. 그들의 잘못된 통치로 인하여 이스라엘은 죄를 짓고 결국 심판을 받았다. 하지만 하나님께서 그들을 위로하시며 다음과 같이 약속해주셨다.

보라 주 여호와께서 장차 강한 자로 임하실 것이요 친히 그의 팔로 다스리실 것이라 보라 상급이 그에게 있고 보응이 그의 앞에 있으며 그는 목자같이 양 떼를 먹이시며 어린 양을 그 팔로 모아 품에 안으시며 젖먹이는 암컷들을 온순히 인도하시리로다
사 40:10,11

이 말씀은 왕국의 권세가 펼쳐졌을 때 일어나는 현상에 대한 소개이다. 주님의 왕권이 행사되면 위로와 회복과 치유가 임한다는 약속이다. 또한 주님의 왕국이 펼쳐지면 모든 결박이 풀리고, 무너진 곳이 보수되며, 평화가 임한다는 약속이다.

마태복음 12장에 예수님이 귀신 들린 자를 고치시는 장면

이 나온다. 귀신을 내쫓으신 주님은 이렇게 선포하시며, 일어난 사건에 대해 정리해주신다.

> 그러나 내가 하나님의 성령을 힘입어 귀신을 쫓아내는 것이면
> 하나님의 나라가 이미 너희에게 임하였느니라 마 12:28

다시 말하지만, 하나님의 나라는 예수 그리스도의 에스코트를 받고 이미 이 땅에 임했다. 하나님의 나라가 임하지 않았다면 마귀가 쫓겨나가지 않았을 것이다. 귀신이 쫓겨나갔다는 것은 하나님의 나라가 이미 임했다는 증거다. 예수 그리스도의 권세 앞에서 마귀는 쫓겨나고, 어두움은 물러나며, 결박이 풀어지게 되어 있다. 이것이 왕국 권세의 현실이다. 그렇다. 성경에 약속된 모든 축복은 왕국 권세가 행사될 때 자연스럽게 나타나는 현상일 뿐이다.

안타까운 것은, 우리가 주님의 왕국 그 자체를 갈망하기보다, 그 권세의 열매에 지나지 않는 작은 부분에 연연하고 있다는 사실이다. 주님이 우리에게 주기 원하시는 것은 천국 전체이지, 천국의 한 조각이 아니라는 사실을 기억하길 바란다.

나는 예쁜 그릇이나 잔을 참 좋아해서, 우리 집에는 지금까지 모아온 아름다운 그릇과 잔이 꽤 있다. 물려받은 것도

있고, 선물 받은 것도 있고, 직접 산 것도 있다. 그런 우리 집에 어느 날 내가 너무나 사랑하는 손님이 방문하여 아름다운 찻잔을 꺼내 함께 차를 마시며 즐거운 시간을 보냈다고 해보자. 나는 우리 집에 오시는 손님은 최선을 다해 정성껏 대접하려고 애쓴다. 우리 집에 들어오시는 순간부터 떠나는 순간까지 최대한 잘 섬기려고 노력한다. 우리 집에 오신 손님이 그러한 대접을 받고 참으로 행복해하는 모습을 보며 내가 너무 흐뭇하고 기쁜 나머지 우리 집을 통째로 주겠다고 했다고 해보자. 그런데 그 손님은 집을 통째로 주겠다는 나의 말에는 관심 없고 계속 찻장 속의 잔 하나만 달라고 조른다면, 어떨까? 나는 그 손님을 보며 무슨 생각을 할까?

이런 모습이 바로 우리의 모습 아닌가? 하나님은 천국을 통째로 우리에게 주시기 원하는데, 우리는 천국 길가에 놓여 있는 돌멩이 하나만 달라고 애원하고 있을 때가 너무 많다.

주님은 우리에게 천국을 소개하시는 그 시작부터 천국의 한 부분이 아니라 통째로 주기 원하셨다는 사실을 아는가?

너희는 먼저 그의 나라와 그의 의를 구하라 그리하면 이 모든 것을 너희에게 더하시리라 마 6:33

하나님나라만 이루어지면, 그 권세만 집행되면 치유와 회복이 일어나고, 축복이 쏟아지며, 결박은 풀리고, 생명이 태어나며, 자라지 못하는 것들이 자라고, 번성하기 시작할 텐데, 우리가 기도하는 내용을 들어보면 "번성하게 해주세요. 치료받게 해주세요"에 머물러 있다. 천국을 통째로 주시겠다는 주님의 약속은 뒤로 하고 천국 길가의 돌멩이를 달라고 기도하는 것이다.

이것을 얼마나 안타깝게 여기셨는지, 주님은 이렇게 직접 가르쳐주셨다.

"너희는 이렇게 기도하라 … 나라가 임하시오며…."

이 간구는, 주님의 권세가 활짝 펼쳐짐으로 위로와 회복과 치유가 임하길 원한다는 기도이다. 주님의 권세가 그 어떤 방해 없이 완전히 행사됨으로 모든 결박이 풀리고, 무너진 곳이 보수되며, 평화가 임하기를 원한다는 기도이다.

왕국 축복

세 번째로 살펴볼 왕국 현실은 '왕국 축복'이다. 이미 앞에서 살펴본 내용에 의하면, 왕국 질서와 왕국 권세만 바로 세워져도 '축복'이란 것은 자연스레 맺히는 열매라는 사실을 확인할 수 있다. 그러나 한 가지만 더 정리하도록 하자.

유대인에게는 하나님나라에 대한 분명한 실상이 있었다. 우선 그들에게 하나님나라는 '국가적 이스라엘'이다. 우리가 '하나님나라' 하면 '천국인가? 하늘에 있는 것인가?' 하는 것처럼 막연한 개념이 아니었다. 유대인에게 있어서 '하나님의 나라'는 이스라엘이라는 특정 지리적 위치를 소유하고 있는, 특정 깃발이 휘날리는 분명한 정부가 존재하고 있는 국가였다. 가나안이라고 하는 약속의 땅에 펼쳐진 왕국 현실이다.

그들에게 있어서 '가나안'은 "젖과 꿀이 흐르는" 현장이다. 하나님의 축복의 중심지로, 이곳에는 풍성함이 있다. 차고 넘침이 있다. 부족함이 없다. 바로 모든 것이 온전한 샬롬의 상태인 것이다. 이것이 하나님나라의 현실이다.

따라서 "나라가 임하시오며"라는 것은, "주님의 샬롬이 임하길 원합니다"라는 간구이다. 하나님이 우리에게 주시기 원하는 최고의 축복, 모든 것이 온전하여지길 원한다는 간구이다. 깨진 관계는 회복되고, 보상할 것은 지불되며, 해를 입은 것은 용서하고, 불안했던 것은 안정을 찾으며, 어지러웠던 것이 정돈되고, 균형을 상실한 것이 다시 온전해지는 것, "너희는 그것을 위해 기도하라"는 것이다. 박살나고 깨져버린 샬롬이 너희 안에서 다시 한번 온전해지기를 위해서 기도하라는 것이다.

이것이 하나님나라의 현실이다. 이것이 우리에게 약속된 왕국 축복이다. 우리가 하나님나라를 유업으로 받았다는 사실이 얼마나 감사한지! "나라가 임하시오며"라는 기도는 우리의 특권이라는 사실을 꼭 기억하길 바란다.

하나님의 나라를 위하여
기도한다는 것

우리는 지금까지 "나라가 임하시오며"라는 기도의 의미를 여러 각도에서 살펴보았다. "나라가 임하시오며"라는 간구는 주님이 왕이 되어달라는 간구이다. 주께서 하루빨리 이 땅을 완전히 다스려달라는 호소이다. 또한 하늘 왕국의 설계자 되신 주님이 그토록 바라시던 질서가 세워지기를 원하는 갈망이다.

"나라가 임하시오며"라는 간구는 하늘 왕국의 풀버전이 우리 안에 거침없이 집행되길 원하며, 주님의 권세가 펼쳐질 때 그 파력을 남김없이 우리가 흡수할 수 있기를 원한다는 간구이다. 그리고 모든 것이 온전해지길 원한다는 기도이다. 한마디로 '살롬'을 향한 소원이다.

끝으로 한 가지 더 살펴보고 싶은 것이 있다. 예수님은 마태복음 5장 14절에서 "너희는 세상의 빛이라 산 위에 있는 동네가 숨겨지지 못할 것이요"라고 말씀하셨다. 여기서 말하는 '동네'는 좁은 렌즈로 보면 '이스라엘'을 가리키지만 보다 넓은 의미로 보자면 '하나님나라'를 뜻한다. 예수님은 저 빛나는 하나님의 왕국은 숨겨지지 못할 것이라고 말씀하셨다. 그러면서 그 영향력을 주변에 발휘할 것을 요구하셨다.

이같이 너희 빛이 (감추어지지 않고) 사람 앞에 비치게 하여 그들로 너희 착한 행실을 보고 하늘에 계신 너희 아버지께 영광을 돌리게 하라 마 5:16

그렇다. 하나님의 나라는 세상을 향한 부담이 있다. 하나님의 나라는 접촉하는 모든 영역이 다 하나님의 영향권 아래 들어오기를 바란다. 하나님의 나라가 접한 모든 대상이 왕국 질서를 공유하고, 왕국 권세가 펼쳐지며, 왕국 축복을 입을 수 있는 현장이 되기를 원한다. 그리고 주님은 이것을 이루어나가는 것이 우리의 사명이라고 말씀하신 것이다.

"이같이 너희 빛이 사람 앞에 비치게 하라"고 적극적인 표현으로 명령하고 계신다. 너희 안에 있는 하나님나라의 왕국 현실이 사람들에게 전달되고, 전염되며, 영향이 끼쳐지게 하라는 말씀이다.

바벨론의 포로로 끌려가는 이스라엘 민족에게 하나님이 당부하셨던 것도 바로 이 내용이다. 하나님은 '너희가 바벨론에 포로로 끌려갈지라도 거기서 미움과 분노와 복수의 씨앗을 심지 말고, 결박이 풀리도록 용서를 허락하고 그 땅을 축복하며 바벨론의 살롬을 위해 일하라'고 일러주셨다. 그래서 이스라엘 민족이 가는 곳마다 복을 받지 않았는가? 요셉이 애굽의 총리가 되자 애굽은 가뭄을 준비할 수 있었고, 이스라엘 민족이 바벨론에 가자 바벨론이 흥했다. 하나님의 나라는 전염성이 있다.

우리가 이 사명을 받아들임으로 세상에서 하나님의 나라를 우리만 소유할 것이 아니라 우리 주변에 전파하는 것, 이것이야말로 "나라가 임하시오며"라는 기도 안에 포함되어 있는 간구이다. 그리고 이 간구를 우리의 삶으로 집행하는 것이 우리의 임무이다. 오늘 내가 살아가면서 만나는 모든 사람에게, 오늘 내가 사는 이 주변에 이러한 하나님나라의 현실이 전달되어야 한다는 것이다.

그런데도 우리는 이 사명을 망각한 채 오히려 배타적으로 지내온 것은 아닌가 싶다. 그런 우리에게 주님은 "너희는 이

렇게 기도하라 … 나라가 임하시오며"라고 가르쳐주신 것
이다.

우리가 이 사명을 잘 감당할 때, 하나님의 나라는 더 왕성
하게 펼쳐질 것이요, 풍성해질 것이요, 장차 이 땅에 완전히
임할 것이다. 이것이 우리의 소원이요, 사명이요, 존재의 이유
다. 이 모든 것을 한마디로 요약해서 우리는 기도한다.

"나라가 임하시오며…."

뜻이 하늘에서 이루어진 것같이
땅에서도 이루어지이다

마 6:10

CHAPTER

4

하나님의 뜻을 위하여
기도하라

뜻이 하늘에서 이루어진 것같이
땅에서도 이루어지게 하옵소서!

하나님의 뜻

주님이 가르쳐주신 기도의 첫 번째 간구는 하나님의 이름이 거룩히 여김을 받기를 원한다는 내용이다. 이것이 하나님의 목적이요, 우리의 소원이다. 두 번째 간구는 하나님의 이름이 거룩히 여김을 받기 위하여, 주께서 통치해달라는 내용이다. 역사를 주관하시고 열방을 통치하심으로 하나님의 영광이 온전히 드러나기를 바라는 것이다.

세 번째 간구인 "뜻이 하늘에서 이루어진 것같이 땅에서도 이루어지이다"는 두 번째 간구의 연장선으로 볼 수 있다. "나라가 임하시오며"라는 간구에서 한 걸음 더 나아간 섬세한 내용으로, 하나님나라의 영향력이 이 세상을 삼키게 해달라는 의미이다.

하나님의 뜻이 하늘에서 이루어진 것같이, 땅에서도 이루어져야 한다. 이것이 하나님의 바람이시다. 그리고 이것을 위하여 충성하는 것이 우리의 사명이다.

이 간구에 대해 조금 더 자세히 살펴보자.

하나님의 뜻이 이루어지기를 위하여 기도하기에 앞서, 우리가 먼저 생각해봐야 하는 것이 있다. 과연 '하나님의 뜻은 무엇인가'라는 질문이다.

이것은 매우 중요한 질문이다. 자칫 잘못하면 '하나님의 뜻'을 축소하는 오류를 범할 수 있기 때문이다. 하나님의 뜻을 극히 개인적인 차원으로 적용하는 위험이 발생할 수 있다는 뜻이다. 예를 들어, "제가 진학을 하는 것이 하나님의 뜻입니까, 아니면 취업을 하는 것이 하나님의 뜻입니까?"라는 식의 기도를 할 때가 많은데, 우리가 '하나님의 뜻'을 깊이 생각하지 않으면 하나님의 뜻을 이 정도 차원으로 제한하는 우를 범하기 쉽다는 말이다. 이런 식으로 하나님의 뜻을 제한하면 너무나 큰 부분을 놓치게 된다. 주님이 가르쳐주신 기도에 언급되는 '하나님의 뜻'은 개인 인생의 구체적인 어떤 방향성이기 전에, 보다 본질적인 의미를 지니고 있다.

주님의 가르쳐주신 기도는 물 흐르듯 흘러간다. 중간중

간 끊기는 물줄기가 아니라 하나의 줄기찬 흐름이다. 간구 하나하나가 독립적으로 존재하는 것이 아니라, 서로 다 연결되어 있다는 뜻이다. 앞에서 정리했듯이, 하나님의 소원은 자신의 이름이 거룩히 여김을 받는 것이다. 그것이 역사의 궁극적 목적이다. 그래서 역사의 최종적인 그림에는 다음과 같은 찬양이 담겨 있다.

> 각 나라와 족속과 백성과 방언에서 아무도 능히 셀 수 없는 큰 무리가 나와 흰 옷을 입고 손에 종려 가지를 들고 보좌 앞과 어린 양 앞에 서서 큰 소리로 외쳐 이르되 구원하심이 보좌에 앉으신 우리 하나님과 어린양에게 있도다 하니 모든 천사가 보좌와 장로들과 네 생물의 주위에 서 있다가 보좌 앞에 엎드려 얼굴을 대고 하나님께 경배하여 이르되 아멘 찬송과 영광과 지혜와 감사와 존귀와 권능과 힘이 우리 하나님께 세세토록 있을지어다
> 계 7:9-12

하나님의 이름이 거룩히 여김을 받는 최종적인 역사의 순간, 최후 승리라고 볼 수 있는 장면이다. 하나님은 이 목적을 향해 지금도 역사를 진행하고 계신다. 이는 하나님이 통치하고 계시다는 뜻이며, 하나님의 통치는 날로 확장되어가고 있

다. 따라서 하나님의 나라도 완성을 향해 전진하고 있다고
할 수 있다.

하나님의 나라가 접촉하는 영역마다 변화가 일어나게 되
어 있다. 사망에서 생명으로 옮겨지는 역사가 펼쳐진다. 에
스겔서 37장의 기록과 같이, 마른 뼈들이 살아나는 기적이
일어난다.

C. S. 루이스의 《나니아 연대기: 사자와 마녀와 옷장》에 보
면 이런 내용이 있다. 세상이 '하얀 마녀'라고 불리는 악한 여
왕의 통치 아래 있을 때는 살벌한 겨울만 계속되었다. 모든
것이 꽁꽁 얼어붙은 사망의 현장이었다. 그러나 참된 왕인
아슬란이 오면 어떻게 되는지 다음과 같이 기록되어 있다.

"아슬란이 오실 때 악이 바로잡히리라. 그의 우렁찬 포효
에 슬픔이 사라지고, 그가 이를 드러낼 때에 겨울은 죽음을
맞이하며, 그가 갈기를 흔들 때에 봄은 다시 찾아오리라…
악의 시대가 끝나리라."

이렇듯 주님이 임하시면 하나님의 나라가 도래한다. 하나
님나라의 현실이 펼쳐진다는 뜻이다. 하나님의 나라가 도래
하면, 겨울은 끝나고 봄이 찾아온다. 하나님나라의 씨앗이
사람의 마음에 심기면, 그 마음이 변화된다. 하나님나라의
영향력이 가정에 미치면, 산산조각이 난 가정도 꿈만 같은

회복을 경험할 수 있다. 하나님의 나라가 사회와 접촉하면, 그 사회의 질서와 윤리와 도덕과 균형이 재건된다. 한마디로 요약하면, 샬롬(평안)이 도래한다는 것이다. 이것이 왕국 축복이며, 이것이 하나님의 뜻이다.

하나님의 뜻은 이 땅의 샬롬

하나님의 뜻이 이처럼 광대한 의미를 지녔음에도 우리는 종종 하나님의 뜻을 극히 개인적인 차원에 국한하여 말하곤 한다. 앞에서 예로 든 것처럼, 자신의 인생 계획과 연관된 하나님의 뜻을 열심히 찾는다.

'내 진로를 향한 하나님의 뜻은 무엇입니까? 결혼을 향한 하나님의 뜻은 무엇입니까?'

그러나 우리의 시선이 여기에 머물러 있다면, 우리 시야가 굉장히 좁은 것이다. 하나님의 뜻을 알기 원한다는 우리의 마음이 사실은, 진짜로 중요하고 가장 핵심인 것은 다 걸러 내고 나와 연관된 것만 쏙쏙 골라서 취하려 하고 있기 때문이다.

그러나 하나님의 뜻은 그 정도 스케일이 아니다. 하나님의 뜻은 이 땅에 샬롬이 이루어지는 것이다. 온 인류가 하나님 나라의 축복을 받는 것이다. 죽어가는 영혼이 살아나는 것이다. 땅끝까지 복음이 전파되는 것이다.

> 너희를 향한 나의 생각을 내가 아나니 평안이요 재앙이 아니니
> 라 너희에게 미래와 희망을 주는 것이니라 렘 29:11

> 하나님은 모든 사람이 구원을 받으며 진리를 아는 데에 이르기
> 를 원하시느니라 딤전 2:4

이것이 하나님의 바람이고, 하나님의 뜻이다. 이 세상이 하나님나라와 접촉하여 변화되기를, 샬롬이 임하기를 원하시는 것이다. 마치 이스라엘 민족이 하나님나라의 씨앗을 지닌 채로 바벨론으로 끌려가, 바벨론에 하나님의 통치가 임하듯이 이 땅 전체에 그와 같은 역사가 일어나기를 바라시는 것이다.

샬롬은 총체적 웰빙

앞 장에서 '왕국 축복'을 살펴보며 '왕국 축복'은 '샬롬'이라고 얘기했는데, 여기서 한 가지 꼭 되새기고 싶은 것이 있다. '샬롬'은 '총체적 웰빙'을 뜻하는 표현이라는 점이다. 즉, 한 분야에서의 성공이 아니라 총체적인 번성이라는 뜻이다.

'살롬'은 단순한 평화를 가리키는 말이 아니다. 성경에서 말하는 '살롬'은 목마름과 부족함과 두려움과 불안감으로 불안정한 삶이 아닌 요동하지 않는 기반이 구축된 삶을 소유한 상태를 일컫는다. 그래서 '살롬'이 임하면 어떤 상황 속에서도 흔들리지 않는 존재가 된다. 바로 이것이 하나님의 뜻이다.

> 범사에 감사하라 이것이 그리스도 예수 안에서 너희를 향하신 하나님의 뜻이니라 살전 5:18

살다 보면 어려울 때도, 외로울 때도, 힘들 때도 있겠지만, 상황이 어떠하든지 상관없이 요동하지 말고 감사하는 것이 우리를 향하신 하나님의 뜻이라는 것이다.

이뿐만 아니라 하나님의 뜻은 살롬이 개인의 일상과 가정과 사회 속에서 영향력을 마음껏 발휘함으로 하나님나라의 현실이 확장되는 것이다. 한 사람만 살롬을 경험하는 것이 아니라 살롬이 그 주변 환경으로, 나아가 땅끝까지 번지는 것이다.

> 하나님의 뜻은 이것이니 너희의 거룩함이라 곧 음란을 버리고

각각 거룩함과 존귀함으로 자기의 아내 대할 줄을 알고

살전 4:3,4

살롬이 임하여 목마름이 해결되면, 하나님이 정해놓으신 결혼이라는 틀 밖에서 새로운 관계를 추구하지 않는다는 말이다. 가장 기본적인 사회 구성요소인 가정에서부터 하나님이 해결해나가신다는 것이고, 이것이 사회의 큰 영역에까지 영향을 미치게 되는 것이 하나님나라의 그림이며, 이것이 하나님의 뜻이란 말이다.

혹시 우리는 주님의 뜻을 너무 추상적으로, 막연하게만 생각하고 있지는 않았는가? 아니면 지극히 개인적인 문제에 국한하여 내 앞날을 향한 주님의 뜻만을 구해온 것은 아닌가? 자기 자신을 한번 돌아보면 좋겠다.

주님의 뜻은 절대 추상적이지 않다. 우리의 마음과 일상과 가정과 환경에 하나님의 살롬이 이루어지는 것이 주님의 뜻이다. 주님의 뜻을 헤아린다는 것은 개인의 진로 문제에 대한 구체적인 인도하심을 받는 정도의 차원이 아니다. 온 열방이 하나님나라의 축복을 받는 것이 주님의 뜻이다!

그러니 이제 결단하기 바란다. 나의 생각과 경험과 이해를 내려놓고 주님의 뜻을 바로 알고 받아들이겠다고. 그 뜻을 이루어드리겠다고.

주기도문을 아무리 많이 반복하며 암송해도, 하나님 뜻의 참된 의미를 받아들일 자세가 되어 있지 않다면 이 간구는 우리에게 아무런 의미도 없다. 나의 자아와 욕심과 계획이라는 렌즈를 통하여 하나님의 뜻을 보려는 것만큼 어리석은 일도 없을 것이다. 하나님의 뜻은 나의 의지를 내려놓는 것에서부터 나타나기 시작한다.

그러므로 어리석은 자가 되지 말고 오직 주의 뜻이 무엇인가 이해하라 엡 5:17

하늘에서의 뜻

주일학교 다니던 시절, 나는 한 가지 궁금한 것이 있었다. '하나님께서는 왜 우리를 창조하셨을까?' 하는 질문이었다. 이 질문에 주일학교 선생님은 이렇게 대답해주셨다.

"하나님께 영광을 돌리기 위하여 창조되었단다."

이 대답은 나의 궁금증을 해결하기는커녕 마치 불에다 기름을 붓는 것같이 오히려 더 큰 궁금증으로 타오르게 했다. 그때 내가 아무리 어렸어도 한 가지는 분명히 알고 있었기 때문이다. 하나님께서 영광의 본체이시란 사실을 말이다!

그런데 어떻게 영광에 미치지 못하는 존재인 우리가 영광의 본체이신 그분께 영광을 돌릴 수 있다는 말인가? 나는 도무지 이해가 가지 않았다.

중학교 2학년쯤 되었을 때, 이 질문에 대한 답을 조금씩 발견하기 시작했다. 그러나 나의 속을 시원하게 해준 것은 내가 신대원에 입학하고 나서 들었던 한 편의 설교였다. 우리 학교 채플에 강사로 오신 존 파이퍼 목사님의 설교였다.

"우리는 하나님의 영광을 위하여 지음 받았습니다. 그럼 어떻게 그분께 영광을 돌릴 수 있을까요? 우리가 그분 안에서 최고의 만족을 누릴 때에, 그분께서는 우리 안에서 가장 큰 영광을 얻으십니다. 왕의 위대함을 그 백성의 행복 지수가 증명하는 것과 같이 말입니다."

나는 이 설교를 듣는 순간, 오랫동안 꽉 막혀 있던 것이 뻥 뚫리는 것 같았다. 하나님 안에서 만족을 누린다는 것은 샬롬을 발견한다는 것과 동일한 개념이다. 왜냐하면 참된 만족을 찾기까지 우리는 참된 평안을 경험할 수 없기 때문이다. 온전히 채워질 때 비로소 완전히 안정될 수 있다.

우리가 하나님 안에서 샬롬을 누릴 때, 주님의 이름이 거룩히 여김을 받는다. 우리가 주님 안에서 최고의 만족을 누릴 때, 하나님의 이름이 우리를 통해서 최고로 거룩하게 되는 것이다. 우리는 주님 안에서 만족하고, 주님은 우리 안에서 영광을 받으신다. 이것이 하나님나라의 가장 정확한 그림이다. 그리고 이러한 왕국 현실이 우리 안에서 이루어지고, 온 땅에 확장되는 것이 하나님의 뜻이다.

요한복음 17장에서 우리는 예수님이 하늘에 계신 아버지께 속삭이시는 기도를 들을 수 있다.

> 내게 주신 영광을 내가 그들에게 주었사오니 이는 우리가 하나가 된 것같이 그들도 하나가 되게 하려 함이니이다 곧 내가 그들 안에 있고 아버지께서 내 안에 계시어 그들로 온전함을 이루어 하나가 되게 하려 함은 아버지께서 나를 보내신 것과 또 나를 사랑하심같이 그들도 사랑하신 것을 세상으로 알게 하려 함이로소이다 아버지여 내게 주신 자도 나 있는 곳에 나와 함께 있어 아버지께서 창세전부터 나를 사랑하시므로 내게 주신 나의 영광을 그들로 보게 하시기를 원하옵나이다 요 17:22-24

이 기도에서 우리는 창세전의 천국 현실이 어땠는지를 엿볼 수 있다.

"아버지께서 창세전부터 나를 사랑하시므로 내게 주신 나의 영광을 그들로 보게 하시기를 원하옵나이다."

창세전에 성부와 성자와 성령께서는 서로를 영화롭게 하고 계셨다. 서로를 사랑하시고, 그 사랑으로 서로를 채워주시며, 서로의 사랑 안에서 만족하셨던 것이다. 완벽한 샬롬의 현장이다.

그런데 하나님께서 인간을 창조하기로 결정하셨다. 그 이유에 대해 주님은 이렇게 말씀하신다.

"우리가 하나가 된 것같이 그들도 하나가 되게 하려 함이니이다 … (아버지께서) 나를 사랑하심같이 그들도 사랑하신 것을 세상으로 알게 하려 함이로소이다."

서로를 채워주는 매체는 '사랑'이었다. 사람이 채워지면, 즉 만족하면 샬롬이 도래한다. 만족하면 안정이 되며, 더 이상 요동하지 않는다. 샬롬은 하나님나라의 대표적 현실이다. 그래서 그 나라의 임금 되신 예수님을 '평강의 왕, 샬롬의 왕'이라고 부르지 않는가. 주님이 펼치고 계신 그 나라의 정책이 바로 샬롬이다. 정책을 보면 통치자가 가장 원하는 소원을 알 수 있지 않은가? 다시 말해, 하나님의 뜻이 곧 샬롬이란 의미이다.

그 샬롬을 함께 나누기 위하여 하나님께서 사람을 창조하셨다는 것이다. 그래서 주님은 "그들도 사랑하신 것을" 알게 하려 하신다고 아버지께 기도하셨던 것이다. '그들도 하나님이 얼마나 사랑하시는지를 깨닫고, 그 사랑으로 채워지며, 그 사랑으로 인하여 만족함으로 샬롬이 임하기를 원합니다'라고 기도하신 것이다. 성부와 성자와 성령 안에서 완벽한 나라가 세워지듯이, 우리도 그 온전한 현실에 동참하기 위하여 창조되었다는 뜻이다.

그렇다. 하나님의 뜻은 이미 영원전부터 집행되고 있었다. 사람이 창조된 이후에 하나님의 뜻이 생겨난 것이 아니다. 그 뜻이 집행되는 영역을 하나님나라로 표현하면 좋을 것 같다. 주님은 그 왕국 현실을 우리와 공유하기를 원하셨던 것이다. 어떤 이익을 위해서가 아니라 좋은 것을 단순히 나누기 위하여 선하신 하나님께서는 우리를 그 아름다운 교제권으로 초대하신 것이다.

따라서 이 땅 전부를 그러한 현장으로 만들어내고자 하시는 것이 우리를 향하신 하늘에서의 하나님의 뜻이라고 이해할 수 있다.

이 땅에서의 뜻

지금까지 우리는 주의 이름과 주의 나라와 주의 뜻을 위한 간구를 순서대로 살펴봄으로 주기도문의 흐름과 그 의미를 정리해보았다. 태초 전부터 이미 진행하고 계셨던 주님의 뜻, 즉 샬롬을 누리는 것에 우리도 동참케 하려는 것이 하나님이 바라시는 것이란 사실을 알았다. 지금까지 살펴본 내용을 한마디로 요약하면, 하나님의 나라로 우리를 초대해주신 것이라고 정리할 수 있다.

그런데 여기서 한 가지 문제가 발생한다. 분명 하늘에서는 주님의 뜻이 진행되었는데, 이 땅에서는 여전히 샬롬을 누리지 못하는 사람들이 너무나 많다는 사실이다. 개개인이 겪고 있는 여러 마음고생이나 정신 질환, 수없이 많은 깨어진 가정들, 사회와 가정에서 저질러지고 있는 폭력들, 이루 말로 다할 수 없는 범죄와 폭행과 죄악들. 세상에는 살롬이 없다. 왜 그럴까?

하나님께서 무엇을 원하시는지 그 뜻은 알겠다. 그 뜻이 하늘에서는 집행되었기에 하나님 아버지와 예수 그리스도와 성령께서 하나님나라를 누리고 계신 것을 볼 수 있다. 그리고 하나님께서는 그 살롬을 우리에게도 주시기 원하셨는데, 왜 우리는 이 땅에서 그것을 누리지 못하느냐는 것이다.

그렇다. 우리는 살롬이 깨진 세상에서 살고 있다. 그 이유는 사탄과 죄가 다스리는 나라가 하나님의 나라에 저항하고 있기 때문이다. 하나님의 뜻이 하늘에서 이루어진 것같이 땅에서도 이루어지는 데 장애물이 존재한다는 뜻이다.

그럼, 어차피 이 땅에서는 하나님의 뜻이 이루어지지 않는가? 우리는 포기해야 하는가? 절대 그렇지 않다. 주님이 "너희는 이렇게 기도하라 … 뜻이 하늘에서 이루어진 것같이 땅에서도 이루어지이다"라고 간구하라고 가르쳐주지 않으셨는가? 이 간구 안에는 하나님의 뜻이 땅에서도 이루어질 수 있다는 확신이 암시되어 담겨 있다. 그뿐만 아니라 주님은 이 기도를 통해 우리에게 중요한 역할을 맡겨주셨다. 이에 대해 정리해보자.

하늘의 뜻이 땅에서 이루어진 태초의 사건

하나님의 뜻이 하늘에서 이루어진 것같이, 땅에서도 이루어진 가장 첫 번째 성경에 기록된 사건은 창세기 1장에서 찾아볼 수 있다. 태초에는 "땅이 혼돈하고 공허하며 흑암이 깊음 위에" 있었다고 창세기 1장 2절은 기록하고 있다. 샬롬과 정반대의 모습으로 이 세상이 존재하고 있었다는 것이다. 그러나 하나님께서 말씀하셨다.

"빛이 있으라!"

"궁창이 있으라!"

"땅과 바다가 있으라!"

"태양과 달과 별, 그리고 그것으로 인한 계절과 날과 해가 있으라!"

"하늘의 나는 새와 바다에 사는 물고기가 있으라!"

"육지에 사는 동물이 있으라!"

그리고 하나님께서 인간을 지으셨다.

창세기 1장의 기록은 무(無)에서 유(有)가 창조되고, 어두움에 빛이 비취고, 생명이 탄생하고, 질서가 세워지며, 샬롬이 이루어지는 현장의 그림이다. 하나님의 뜻이 이 땅에서 이루어지는 장면이다! 하나님은 말씀으로 주님의 뜻을 이 땅에서 집행하셨다.

그렇게 모든 작업을 마치시고, 하나님은 일곱째 날에 안식하셨다.

천지와 만물이 다 이루어지니라 하나님이 그가 하시던 일을 일곱째 날에 마치시니 그가 하시던 모든 일을 그치고 일곱째 날에 안식하시니라 창 2:1,2

여기서 특히 주목해야 하는 키워드는 두 가지다.

첫 번째는 '다 이루다'라는 단어이다. 하나님께서는 이루고자 하시는 일을 다 이루셨다. 완성하셨다. 더 이상 손댈 필요가 없었다는 뜻이다.

"보시기에 심히 좋았더라"(창 1:31).

하나님은 완전히 만족하셨다. 한마디로 샬롬이다.

두 번째 키워드는 '안식'이란 단어이다. 하나님은 만족하셨기 때문에 안식에 들어가셨다. 성경에서 '샬롬'(평강)이란 단어와 '샤바트'(안식)란 단어는 굉장히 유기적인 관계를 맺고 있다. 만족이 이루어짐으로 샬롬이 도래하면, 안식이 임한다. 그래서 '평강의 왕'이 통치하는 영역을 '안식의 땅'이라고 하지 않는가. 무언가를 향한 완전한 만족은 우리로 안식에 들어가게 한다. 만족한다는 것은 드디어 마음이 안정되기 시작한다는 뜻이고, 드디어 평안(샬롬)이 도래한다는 뜻이며, 평안이 임할 때 안식이 이루어진다.

하나님은 말씀으로 이 땅에서 그분의 뜻을 이루시고, 샬롬을 일구어내셨다. 이것이 하늘의 뜻이 이 땅에서 이루어진 태초의 사건이다.

하늘의 뜻이 땅에서 이루어진 예수의 사건

여기서 한 걸음 더 나아가서, 하늘의 뜻이 땅에서 이루어진 대표적인 사건을 생각해보자. 그것은 다름 아닌 예수 그리스도께서 이 땅에 오신 사건이다.

비록, 하나님께서 지으신 세상이 샬롬의 현장이었다고 해도, 사탄과 죄로 인하여 그 왕국축복이 깨지게 되었다. 불만족, 목마름, 부족함, 넉넉하지 않음, 먹고 살기 위해 일하지 않으면 안 되는 불안정. 그러나 깨어진 샬롬을 회복하기 위하여 하나님의 말씀 자체이신 예수 그리스도께서 이 땅에 오셨다.

예수 그리스도께서 성육신하시어 이 땅에 오셨다는 것은, 이번에도 하늘의 뜻과 말이 이 땅에서 현실이 되었다는 뜻이다. 이 땅에 오신 예수님은 재창조의 역사를 시작하시고, 십자가로 그 일을 완성하셨다.

재창조를 완성하시며, 예수님도 선포하셨다.

"다 이루었다!"

창세기 2장의 말씀이 메아리치고 있다. 천지창조가 완성되며 외치셨던 선포를, 재창조를 완성하시며 다시 외치신 것이다.

또한 이것은 주님의 만족도를 우리에게 정확하게 소개하는 표현이기도 하다. 재창조에 있어서 더 이상 손댈 곳이 없다는 뜻이다. 이는 예수 그리스도 안에 있는 우리의 구원에 있어서, 더 이상 추가할 사항이나 조건이 없다는 뜻이다. 예수 그리스도께서 이루어내신 하나님의 뜻은 완전하다는 의미다.

그래서 사도 바울은 이렇게 공포한다.

그런즉 누구든지 그리스도 안에 있으면 새로운 피조물이라 이전 것은 지나갔으니 보라 새 것이 되었도다 고후 5:17

주님이 재창조의 완성도에 만족하셨다는 것은 안식과 샬롬이 다시 임했다는 뜻이다. 그래서 주님은 우리를 이와 같이 초대하신다.

수고하고 무거운 짐 진 자들아 다 내게로 오라 내가 너희를 쉬게 하리라 마 11:28

우리가 예수 그리스도 안에서 만족을 찾으면, 우리 영혼이 쉼을 얻게 된다. 예수님이 나를 사랑하신다는 음성을 들으면, 목마름이 해결된다. 예수님이 나를 채우시는 것을 경험하면, 참된 샬롬을 소유하게 되는 것이다.

하늘의 뜻이 땅에서 이루어질 우리의 역할

비록, 사탄과 죄는 하나님의 뜻이 이 땅에서 이루어지지 않도록 수단과 방법을 가리지 않고 방해하고 있지만, 우리는 예수 그리스도 안에서 소망을 품을 수 있다. 주께서 어두움 가운데 비치는 빛으로 이 땅에 오셔서, 하나님의 뜻을 남김없이 이루어주셨기 때문이다.

주님은 우리도 같은 의무를 수행하여야 한다는 의미를 담아 이렇게 말씀하셨다.

"뜻이 하늘에서 이루어진 것같이 땅에서도 이루어지이다."

이 간구는 예수님이 시작하시고 완성하신 사역에 동참하라는 것이다. 하나님의 뜻이 이 땅에 이루어짐을 몸소 보이시기 위해 이 땅에 오시어 하나님의 뜻을 온전하게 집행해드린

것을 실상으로 본 우리에게 "너희도 이 땅에서 하나님의 뜻을 그렇게 이루어가라"고 하신 당부인 것이다.

앞에서 살펴보았듯이, 하나님의 나라는 멀리 있는 것이 아니다. 예수 그리스도께서 계신 곳(즉, 나의 마음)이 하나님의 나라이다.

그러면 하나님의 나라를 소유한 우리가 이 땅에 그 천국 현실을 퍼뜨리는 것이 당연한 것 아니겠는가? 우리가 먼저 맛본 그 살롬을 이 땅에 세워가는 것이 아버지의 뜻을 이 땅에 이루어드리는 길이 아니겠는가? 그 구체적인 역할은 다음과 같은 것들이다.

마음이 상한 자를 돌아보는 것이다.
깨진 가정을 치유하는 것이다.
소외된 자를 찾아가는 것이다.
억눌린 자를 자유케 하는 것이다.
죽어가는 영혼을 살리는 것이다.

이것이 주님이 우리에게 보여주셨고, 오늘도 바라고 계신 하나님의 뜻이다.

어떤 사람은 이렇게 반문할 것이다.

"주님이 우리에게 기도하라고 가르치셨지, 주기도문 어디에 우리의 의무에 대하여 언급하고 있는가?"

하지만 주기도문의 아름다움은 기도의 내용이 행동의 요구로 즉각 연결되고 있다는 점에서 두드러진다.

주님의 이름을 거룩하게 하기 위하여, 우리는 그 이름을 더럽히지 않도록 죄와 싸워서 이겨야 한다. 하나님나라가 이 땅에 임하게 하기 위하여, 우리는 천국 현실을 여기서 세워가야 한다. 일용한 양식을 위한 기도는 일용한 양식을 위해 수고하는 바른 길잡이와 원동력이 되는 것이다. 우리의 죄를 사하여달라고 하는 것은, 우리에게 죄를 지은 자를 사하여주어야 하는 요구가 따른다.

시험에 들지 않도록 깨어서 기도하라고 주님이 말씀하시지 않았는가? 주님이 가르쳐주신 기도는 단순한 기도가 아니다. 기도가 우리 입술에서 고백됨과 동시에 우리의 행위로 연결되는 기도문을 주님이 알려주신 것이다.

이와 같이, 하나님의 뜻이 이 땅에 이루어지기 위하여, 우리가 하나님의 뜻을 이 땅에 집행하는 역할을 감당해야만 하는 것이다. 하나님의 말씀 되신 예수 그리스도께서 성육신하셔서 이 땅에 오셨듯이 말이다.

하늘의 뜻이 이 땅에서 이루어진 예수 그리스도라는 실상을 소유한 우리가, 이제 기도하는 마음으로 하나님의 뜻을 이 땅에 함께 이루어 나아가기를 주님의 이름으로 축원한다.

오늘 우리에게
일용할 양식을 주시옵고

마 6:11

우리의 삶을 위하여 기도하라

우리에게 일용할 양식을
주옵소서!

기도의 우선순위

주님의 이름과 나라와 뜻에 대한 기도에 이어 이제 우리의 삶을 위한 구체적인 기도가 시작된다. 주님은 우리의 필요를 위하여 기도하라고 가르쳐주셨다. 그렇다. 주님은 우리의 필요에 관심이 있으신 분이다. 주님은 우리의 필요를 채우기 원하신다. 그래서 사도 베드로는 이렇게 권면한다.

너희 염려를 다 주께 맡기라 이는 그가 너희를 돌보심이라

벧전 5:7

자, 그런데 한 가지 반드시 기억해야 할 것이 있다. 앞에서도 말했듯이, 주님의 이름과 나라와 뜻이 우리를 위한 기도

의 토대가 된다는 사실이다.

하나님나라가 이루어지면 궁핍한 자는 풍성함을 경험할수 있다. 하나님나라가 임하면 가난한 자는 배부르게 될 것이다. 이 같은 왕국 현실에 대해 아모스 선지자는 이렇게 기록했다.

> 여호와의 말씀이니라 보라 날이 이를지라 그때에 파종하는 자가 곡식 추수하는 자의 뒤를 이으며 포도를 밟는 자가 씨 뿌리는 자의 뒤를 이으며 산들은 단 포도주를 흘리며 작은 산들은 녹으리라 암 9:13

하나님의 나라가 임하면 풍성함이 임하는 것은 정해진 사실이다. 그런데 하나님나라에는 질서가 있다는 것을 기억해야 한다. 질서가 있다는 것은, 순서가 있다는 뜻이다. 우선순위가 있다는 말이다. 먼저 세워져야 하는 토대와 그 후에지어져야 하는 집이 있다. 먼저 심겨야 하는 겨자씨와 그 후에 맺히는 열매가 있는 것이다. 그러나 많은 사람이 그 질서와 순서를 존중하지 않고 있다. 주님 나라를 위해 갈급하기보다 일용할 양식에 매달려 있기 때문이다. 주님의 통치가 이뤄지기를 갈망하기보다 살아갈 궁리를 하기에 너무나 바쁜 것 같다.

오늘의 코로나 현실만 봐도 그런 것 같다. 대다수 사람이 무엇이 하나님의 뜻이고 무엇이 하나님의 뜻이 아닌지를 묻고 검토하는 데 집중하는 것이 아니라, 어떻게 하면 원래대로 돌아가고 어떻게 하면 내 생활을 유지할 수 있을까에만 관심을 기울인다. 이렇게 생존하는 것에 연연하는 사람들을 향해 주님이 경고하셨던 말씀을 기억하는가?

누구든지 제 목숨을 구원하고자 하면 잃을 것이요 누구든지 나를 위하여 제 목숨을 잃으면 찾으리라 마 16:25

이뿐 아니라 주님은 왕국 시민과 이방인들을 대조하시며 이렇게 말씀하셨다.

그러므로 염려하여 이르기를 무엇을 먹을까 무엇을 마실까 무엇을 입을까 하지 말라 이는 다 이방인들이 구하는 것이라 너희 하늘 아버지께서 이 모든 것이 너희에게 있어야 할 줄을 아시느니라 그런즉 너희는 먼저 그의 나라와 그의 의를 구하라 그리하면 이 모든 것을 너희에게 더하시리라 마 6:31-33

먼저 해야 할 일과 나중에 해야 할 일이 있다. 먼저 궁리해야 할 일과 나중에 궁리해야 할 일이 있다. 먼저 염려해야 할 일과 나중에 염려해야 할 일이 있다. 그래서 주님은 "먼저 그의 나라와 그의 의를 구하라"고 순서를 알려주시며, 우선순위를 확실히 해주셨다. 그리하면 모든 것을 질서대로, 순리대로 더하여주실 것이라고 말이다.

따라서 우리는 먼저 주님의 나라와 그분의 의를 구해야 한다. 그러면 그 왕국의 모든 혜택이 우리에게 허락될 것이다.

그래서 주기도문에서 하나님의 이름과 나라와 그분의 뜻을 먼저 구하고, 그것이 확실한 토대로 세워지면 자연스럽게 흘러나오는 기도가 우리의 양식과 우리의 죄와 우리를 위한 하나님의 보호하심에 대한 간구이다.

하나님나라가 우리 안에 바로 세워지면 우리에게 주어지는 혜택이 있는데, 가장 먼저 꼽을 수 있는 것이 '일용할 양식'이다. 주님은 그것을 위하여 구하라고 가르쳐주셨다.

주님의 그 음성에 귀를 기울이며 "일용할 양식을 주시옵고"라는 간구를 구성하고 있는 요소들을 다섯 가지로 정리하여 살펴보려고 한다.

우리의 양식

한글 성경에는 "오늘 우리에게 일용할 양식을 주시옵고"라고 번역되어 있는데, 이 부분을 영어로 보면 "Give us this day our daily bread"라고 기록되어 있다. 가장 먼저 주목해보고자 하는 요소는 영어 성경 마지막 단어인 'bread'(빵)라는 단어이다. 한글 성경 다른 곳에서는 이 단어를 우리에게 익숙한 '떡'이라고 번역하였다.

'빵'은 중동에서 가장 기본적인 식량이다. 중동지역을 생각하면 내 머릿속에 가장 먼저 떠오르는 장면이 있다. 내가 처음으로 방문한 중동 이슬람 국가는 이란이었다. 밤늦게 테헤란공항으로 입국하여 숙소로 갔다.

다음날 새벽, 시차 때문인지 잠에서 일찍 깼다. 거리는 조용했고, 세상은 아직 깊은 잠을 자고 있을 것으로 생각하며 새벽공기를 마시고자 밖으로 나갔다.

그런데 숙소 대문을 열고 나가는 순간, 나는 깜짝 놀랐다. 사람들이 이미 이른 새벽부터 하루를 시작하고 있었기 때문이다. 일터와 학교로 향하는 사람들의 활기찬 모습을 한참이나 지켜보고 있었는데, 빵 굽는 냄새가 내 코를 자극하기 시작했다. 직화로 구워지는 곡식 반죽과 막 짜낸 올리브유의 조화에서만 풍기는 냄새였다.

순식간에 내 발걸음은 빵 냄새가 나는 방향으로 옮겨졌고, 서서히 가속이 붙기 시작했다. 난생처음 가본 낯선 동네였으니, 빵을 어디서 굽고 있는지 내가 알 리가 없지 않나? 그런데도 나는 내가 가고 있는 방향이 옳다고 확신할 수 있었다. 일단 나의 후각이 그렇게 이끌었기 때문이고, 또 하나 내가 확신할 수 있었던 근거가 있었다. 막 구워낸 빵을 한가득 들고 오는 사람들이 어디서 오는지, 그 방향을 보았기 때문이다. 사람들이 큰 비닐봉지에 다양한 종류의 빵을 한가득 담아 양손에 들고 아침을 준비하러 종종걸음으로 집으로 향하던 모습이 나는 지금까지도 생생하다.

여러 차례 방문했던 이집트에서도 비슷한 풍경을 자주 보았다. 시장에 가보니 사람들이 큰 빵들을 얼마나 많이 사 들고 가던지. 희한하게도 그곳에서 먹었던 빵이 유난히 맛있었다.

이처럼, 예나 지금이나 중동의 아침은 빵으로 시작된다. 따라서 그들에게 '빵'은 생존을 위한 가장 기본적인 필요를 의미한다.

주님이 말씀하신 '빵', 즉 '일용할 양식'은 단순히 음식을 가리키는 표현이 아니다. 어떤 식량에 국한된 내용이 아니다. 오늘 하루도 먹고 살게 해달라는 간구가 아니란 뜻이다. 빵(양식)을 놓고 간구하라고 하신 주님의 가르침은, 우리 삶의 가장 기본적인 필요부터 아버지께 아뢰고, 그 채우심을 경험하라는 초대다.

즉, 하나님의 나라가 임하면 곡식 농사가 잘되고 식량 문제가 해결되는 등 식량 대책만 해결된다는 뜻이 아니라 기본부터 다 해결되기 시작한다는 뜻이다.

사도 바울은 이에 대해 빌립보교회 성도들에게 이렇게 말했다.

나의 하나님이 그리스도 예수 안에서 영광 가운데 그 풍성한 대로 너희 모든 쓸 것을 채우시리라 빌 4:19

'너의 일용할 양식을 채우시리라'라고 말씀하지 않았다.

오늘 먹고 살 만큼만, 딱 그 분량만 채우시리라고 말씀하지 않았다. '너희 모든 쓸 것'을 채우신다고 하신다. 이 부분을 영어 성경 NIV는 "God will meet all your needs"라고 번역했다. '모든 필요를 채우신다'는 뜻이다.

학비가 필요하면 학비를 채우신다. 공부가 필요하면 공부를 하게 하신다. 가야 할 학교가 필요하면 학교를 지어서라도 보내신다. 사람이 필요하면 사람을 붙이시고, 직업이 필요하면 직업을 붙이시고, 사업을 해야 할 것 같으면 사업을 시작하게 하신다.

그렇다. 주님은 우리의 욕심을 채우시겠다고 말씀하시지는 않았지만, 우리의 필요를 채워주실 것이라고 약속하셨다. 우리에게 필요한 것이라면 반드시 채워주시겠다는 선언이다. 이것이 하나님나라 시민에게 주어지는 혜택이라고 할 수 있다.

선진국에서 찾아볼 수 있는 두드러진 특징 중 하나가 사회복지가 아닐까 싶다. 사회복지가 얼마나 잘되어 있는가를 살펴보면, 그 나라의 수준이 어느 정도인지 웬만큼 진단할 수 있다.

사회복지는 누군가의 사치스러운 생활을 만족시켜주는 도구가 아니다. 이것은 국민의 최소한의 필요를 채워주는 제도라고 할 수 있다. 소외된 자를 찾아가고, 홀로 서지 못하는 자를 도와주고, 스스로 돌보지 못하는 자와 함께 나누어 먹는 아름다운 그림이다. 나라가 잘살고 부강해지면 이런 제도도 발전하게 된다.

이 세상의 나라도 힘이 생길수록 약자의 필요를 돌아보는데, 하물며 하늘의 나라는 어떻겠는가? 하나님의 나라가 임하면, 그 백성인 우리의 필요가 채워지는 것은 너무나 당연한 사실 아니겠는가?

그래서 주님은 우리에게 하나님나라가 임하기 위하여 간구할 것을 먼저 가르치셨고, 그것에 이어서 '일용할 양식'을 구하라고 일러주셨다. 그 나라에 속한 백성이 필요로 하는 모든 것을 채워주시겠다는 왕의 선포다.

"오늘 우리에게 일용할 양식을 주시옵고"라는 간구에서 두 번째로 살펴볼 요소는 '하나님의 선물'이란 부분이다. 영어 성경의 표현인 "Give us this day our daily bread"에서 첫 단어인 'give'(주다)에 주목하여 살펴보려고 한다.

'give'라는 단어는 한 가지 매우 중요한 사실을 암시한다. '일용할 양식'이 하나님의 선물이란 사실이다. 주님이 주시지 않으면, 아무리 수고해도 얻을 수 없다는 뜻이다.

사람의 수고와 노력과 열심이라는 것이 사실 얼마나 허무한 것인지 모른다. 농부가 아무리 수고해도, 하나님이 비를 내리지 않으시면 농사는 실패하게 되어 있다. 운동선수가 아무리 노력해도, 하나님이 지켜주지 않으시면 경기에 출전도 못 하는 경우가 얼마나 많은가? 학생이 아무리 열심을 내어도, 사람의 인생길을 열어가시는 하나님의 도움 없이는 한계에 직면하게 되어 있다. 모든 것이 하나님의 장중(掌中)에 달려 있는 것이다.

이에 대해 성경은 다음과 같이 말한다.

여호와께서 집을 세우지 아니하시면 세우는 자의 수고가 헛되며 여호와께서 성을 지키지 아니하시면 파수꾼의 깨어 있음이 헛되도다 시 127:1

사람이 마음으로 자기의 길을 계획할지라도 그의 걸음을 인도하시는 이는 여호와시니라 잠 16:9

그렇다. 양식과 같이 가장 기본적인 필요도 주님이 채워주시지 않으면, 우리는 단 하루도 우리 힘으로 살아갈 수 없는 존재다. 이것을 인정하는 것이 기도의 자세이고, 예배의 기초이고, 인생의 지혜이며, 신앙인의 세계관이라고 할 수 있다.

앞에서 나는, 선진국의 사회복지를 비유로 삼았다. 그 나라의 시민이라는 사실 하나만으로도 여러 혜택의 수혜자가 된다는 것을 강조했다. 이해를 돕기 위해 이런 비유를 들었으나, 한 가지 부분에 있어서만큼은 적합하지 않은 비유라는 것을 말하고 싶다. 그 나라의 시민이 사회복지를 비롯한 여러 혜택을 누릴 수 있는 것은 탄탄한 세금 제도가 있기 때문이다. 내가 낸 세금 혹은 누군가의 세금으로 운영되고 있다는 뜻이다.

그러나 하나님나라의 경우, 우리가 지불한 대가는 하나도 없다. 그 나라의 백성이 되는 것조차도 전적으로 하나님의 공로로 이루어졌다. 우리가 살아가는 인생도 하나님의 선물이다. 하나에서 열까지 모두 다 하나님의 선물이다. 이것을 너무나 잘 알고 있었던 사도 바울은 이렇게 고백한다.

내가 나 된 것은 하나님의 은혜로 된 것이니 내게 주신 그의 은혜가 헛되지 아니하여 내가 모든 사도보다 더 많이 수고하였으나 내가 한 것이 아니요 오직 나와 함께 하신 하나님의 은혜로라 고전 15:10

내가 혜택을 받는 것이 세금을 내는 것 같은 어떤 대가를 치렀기 때문이 아니란 것이다. 그렇기에 우리가 아무리 하나님을 위해 열심히 섬기고 수고해도 우리에게 마땅하고 합당한 고백은 '나는 무익한 종입니다'라는 것밖에는 없는 것 같다.

그래서 이 간구는 '주님이 내게 선물해주시지 않으면 나는 오늘 내 필요를 채울 수 없습니다. 주님이 내 인생에 개입해 주지 않으시면 나는 오늘을 살아갈 수 없습니다'라는 고백인 것이다. 이것을 인정하는 것이 신앙의 자세이다.

우리가 계속 "오늘 우리에게 일용할 양식을 주시옵고"라는 간구를 살펴보고 있는데, 이 간구에서 한 가지 두드러지는 것이 있다. 바로 '우리에게' 선물을 베풀어달라는 요청이다. 영어로도 너무나 명백하게 표현되어 있다.

"Give us….."

그럼, 여기서 말하는 '우리'는 누구일까? 그 답은 이 기도의 첫마디에서 발견된다. 하나님을 "하늘에 계신 우리 아버지"라고 부르는 사람들이다.

주님이 가르쳐주신 기도에 부제를 붙인다면 '자녀의 기도'가 어울린다고 생각한다. 주님은 우리에게 이 기도를 가르쳐주시며, 아버지와 우리의 관계를 더 견고히 세우고자 하셨던 것 같다. 하늘에 계신 우리 아버지께 모든 필요를 아뢰고, 그분의 채우심을 맛볼 기회를 주신 것이다. 하늘에 계신 우리 아버지께서 우리의 죄를 사하여주시는 것을 체험할 수 있는 자리로 초대해주신 것이다. 하늘에 계신 우리 아버지께서 우리를 모든 악에서 지켜내시는 전능하신 손길을 보여주길 원하셨다.

마태복음 5장부터 이어지던 산상수훈이 6장에 접어들며, 주님은 하늘에 계신 아버지에 대한 메시지를 연발하셨다. 그러면서 우리 아버지는 은밀한 곳에서 지켜보시는 분임을 깨우쳐주셨다. 우리 아버지는 우리가 간구하기도 전에 우리의 쓸 것을 미리 알고 계시는 분임을 일러주셨다. 그리고 예수님의 설교의 날카로움은 최정상에 이르며 너무나 강력하고 실제적인 도전으로 선포되었다.

"너희는 이렇게 기도하라! 하늘에 계신 우리 아버지여!"

예수님은 우리의 아버지가 어떤 분이신지 그 토대를 먼저 쌓으시고, 그 다음에 아버지를 향한 기도를 가르쳐주신 것이다. 즉, 예수님의 입술을 통해 지금까지 아버지에 대해 배운 지식을 기도에 적용하라는 뜻이다. 구체적으로 우리의 모든 필요를 아버지께서 채워주시기를 의뢰하라고 가르쳐주셨다. 우리에게 모든 것을 선물로 주시는 아버지의 손길을 온전히 신뢰하라고 교훈해주신 것이다.

사실, 하나님이 구약과 신약을 통해 우리에게 심어주기 원하셨던 신학(神學)이 바로 이것이다. 우리의 일생을 통해 우리 안에 깊이 뿌리내리기를 바라셨던 모습이 바로 이것이다. 하나님의 베푸심 없이는 단 하루도 살아갈 수 없다는 사실을 인정하는 것! 주님의 은혜 없이는 단 한순간도 숨을 쉴 수 없다는 고백을 마침내 토해내는 것 말이다! 이 엄청난 진리를 피부로 경험하고, 뼈저리게 깨닫고, 삶으로 연단 받는 것이 우리의 인생 전반에 걸친 하나님의 프로젝트라고 할 수 있겠다.

우리는 여전히 이러한 모습에는 도달하지 못했다. 아직도 이러한 고백에는 미달이다. 주님이 원하시는 겸손에는 미치지 못한다. 그러나 주님이 가르쳐주신 기도를 드릴 때마다 우리는 우리가 가야 하는 방향을 확인한다. "우리에게 일용할 양식"을 선물해달라는 간구를 진심으로 드릴 때마다, 조금씩 우리는 주님이 원하시는 예배자의 모습으로 변해갈 수 있다고 확신한다.

우리의 일용할 양식

여기서, 한 가지 지적하고 싶은 것이 있다. 이 간구를 영어로 보면 '우리'라는 표현이 한 번 더 사용되고 있음을 알 수 있다. 한글 성경에서는 '일용할 양식'이라고만 기록되어 있지만, 영어로 보면 'our daily bread'(우리의 매일의 빵)라고 표현하고 있는데, 이것이 원어의 뜻을 보다 정확하게 전달하고 있다.

우리가 주님께 '양식'을 구할 때, 우리는 '우리에게' 달라고 요청한다. 그런데 주님의 선물이 우리에게 임할 때, 우리는 그것을 '나만의 양식'이라고 여기는 안타까운 경향이 있다.

만약 주님이 우리가 지극히 개인적인 기도로 나아가기를 원하셨다면 기도를 이렇게 가르치셨을 것이다.

"하늘에 계신 '내' 아버지여, 오늘 '나에게' 일용할 양식을 주시옵고, '내가 나에게' 죄지은 자를 사하여준 것같이 '나의' 죄를 사하여주시옵고 '나를' 시험에 들게 하지 마시옵고…."

그러나 주님은 '우리'라고 가르치셨다. 하나님이 허락하신 떡은, 물론 일차적으로 떡을 구한 하나님의 자녀들의 손에 주어지는 것이기는 하지만, 이것은 스스로 떡을 구하지 못하는 자들과 나누어 먹으라고 주신 것이다.

이 그림이 상실된 교계, 이 그림이 상실된 세상은 불행하다. 오히려 하나님이 주신 떡으로 각개전투를 벌이며 치열하게 싸움을 벌이고, 그 결과 오히려 하나님나라가 박살이 나는 비극을 맞게 되기 때문이다.

쉬운 예로, 어느 부자 아버지가 세상을 떠나면서 유산을 많이 남겨주었다고 해보자. 그러면 그 자녀들은 전투를 벌이기 시작한다. 오히려 재산이 없었다면 그 가정은 깨지지 않았을 것이다. 이처럼 하나님이 주신 떡을 '내 떡'이라고 생각하니까 하나님나라가 깨어지는 아이러니한 비극을 맞게 되는 것이다. 그러니 하나님의 선물은 공공의 유익을 위해 허락된다는 사실을 절대 잊어서는 안 된다.

훈련의 도구

이스라엘 백성에게 '매일의 떡'은 개념이 아니라, 실상이었다. 그들은 실제로 이 떡을 광야에서 40년간 먹고 지낸 경험이 있다. 그래서 그들은 '우리의 떡'의 의미를 잘 알고 있었을 것이다. 그들은 이 떡을 '만나'라고 불렀다.

이스라엘 족속이 그 이름을 만나라 하였으며 출 16:31

하나님은 만나를 내려주시며, 다음과 같은 주의사항을 말씀해주셨다.

백성이 나가서 일용할 것을 날마다 거둘 것이라 이같이 하여 그

들이 내 율법을 준행하나 아니하나 내가 시험하리라 여섯째 날
에는 그들이 그 거둔 것을 준비할지니 날마다 거두던 것의 갑절
이 되리라 출 16:4,5

여기서 '일용할 양식'이 하나님이 자신의 백성을 훈련하시
는 도구라는 사실을 알 수 있다. 떡을 주심으로 그 백성을
시험하고 계시단 사실이다.

"내 율법을 준행하나 아니하나 내가 시험하리라."

이미 앞에서도 말했듯이, 하나님은 우리에게 주님을 신뢰
하는 것을 가르치고자 하신다. 하나님을 경외하는 겸손한
모습을 심어주고자 하시는 것이다. 주님의 그러한 목적과 의
도에 대해 신명기 8장 16절은 다음과 같이 기록하고 있다.

네 조상들도 알지 못하던 만나를 광야에서 네게 먹이셨나니 이
는 다 너를 낮추시며 너를 시험하사 마침내 네게 복을 주려 하심
이었느니라 신 8:16

이 말씀에서 주님은 우리에게 낮아짐을 가르치고 계신 것
을 확인할 수 있다. 그래서, 하나님을 의지하게끔 하신다는
것이다. 그리고 낮아짐을 배우게 하심으로 큰 선물을 감당

케 하신다고 말씀하신다.

"너를 낮추시며 … 네게 복을 주려 하심이었느니라."

떡을 주시는 것으로 끝나지 않는다. 그 떡을 가지고 어떻게 하는지를 보신다는 것이다. 하나님이 주신 떡을 통해 주님을 더 의지하고, 더 낮아지고, '아, 하나님이 주신 것입니다' 더 감탄하고, 그 떡을 독식하지 않고 잘 나눠 먹으며, 그 떡으로 범죄하지 않고, 하나님께 신뢰를 표현함으로 안식일을 범하지 않으면 '통과'다. 이 시험에 합격하면 더 큰 떡을 주신다는 것이다.

주님은 작은 선물을 다루는 방법을 가르쳐주심으로, 마침내 큰 선물을 맡기고자 하신다는 뜻이다. 하나님나라의 부분적 현실 속에서 충실함으로, 하나님나라를 통째로 상속받을 수 있는 자의 모습으로 빚어내길 원하신다는 뜻이다.

나눔의 도구

하나님은 만나를 허락해주시며, 또 한 가지 주의사항을 말씀해주셨다.

너희 각 사람은 먹을 만큼만 이것을 거둘지니 곧 너희 사람 수효대로 한 사람에 한 오멜씩 거두되 각 사람이 그의 장막에 있는

자들을 위하여 거둘지니라 하셨느니라 출 16:16

주님은 만나를 한 사람이 지나치게 거두는 것을 용납하지 않으셨다. 필요 이상으로 거두어 힘 있는 사람이 홀로 독차지하는 것을 원하지 않으셨다. 그래서 주님은 "한 사람에 한 오멜씩" 거두라는 정확한 가이드라인을 주셨다.

그뿐만 아니라 스스로 거두지 못하는 자들과 나누게 하셨다.

"각 사람이 그의 장막에 있는 자들을 위하여…."

주님이 주신 선물은 모든 사람에게 부족함이 없었다. 공공적 유익이 있었다는 뜻이다. 출애굽기 16장 18절은 그 결과를 다음과 같이 기록하였다.

오멜로 되어 본즉 많이 거둔 자도 남음이 없고 적게 거둔 자도 부족함이 없이 각 사람은 먹을 만큼만 거두었더라 출 16:18

과식하지 않았다는 뜻이다. 충분히 소화할 만큼만 거두고, 모자람도 없고 부족함도 없이 모든 사람이 필요한 만큼만 거두었다. 이것이 하나님이 세우신 기준이었다.

주님이 이스라엘 민족에게 "일용할 양식을 주시옵고"라고 구하라고 가르치셨을 때, 그들은 분명 '만나'를 떠올렸을 것이다. 이것은 '내 떡'을 달라고 구하는 것이 아니었다. 내 가족 잘되게 해달라고, 내 자녀 공부 잘하게 해달라고 구하는 것이 아니다. 공공적 유익, 즉 세상을 위해 구하라는 것이다.

그렇다. 하나님은 고아와 과부를 돌보시는 분이다. 의지할 곳 없는 나그네를 지키시는 분이시다. 연약하고 소외된 자들의 하나님이시다.

유엔세계식량계획(WFP: World Food Programme)이 2020년에 발표한 내용에 따르면, 코로나19 상황이 지속되면서 2021년에 UN이 설립된 이래 가장 심각한 식량 위기가 찾아올 것이라고 한다. 쉴 새 없이 닥치는 자연재해와 코로나 사태로 인한 경제 마비의 결과가 이제 우리 눈앞에까지 와 있다. 빈부격차는 더욱 심해질 것이고, 지구촌 수많은 사람이 굶주림과 목마름을 피할 수가 없을 것이며, 청년들은 더 높아진 취업장벽을 경험하게 될 것이다.

이제 교회가 세상과 자원을 나누어야 할 때다. 하나님의 백성들이 지역 사회와 함께 하나님이 주신 떡을 나누어 먹어야 하는 책임을 수행해야 한다. 조금만 생각해봐도 이것이 하나님의 뜻임을 분명히 알 수 있다. 선하신 하나님께서 일용할 양식을 교회에만 허락하시겠는가? 자신의 백성들만 잘 먹고 살게 하시겠는가? 절대 그렇지 않다. 우리가 아는 하나님은 그런 분이 아니시다.

> 너희가 너희의 땅에서 곡식을 거둘 때에 너는 밭 모퉁이까지 다 거두지 말고 네 떨어진 이삭도 줍지 말며 네 포도원의 열매를 다 따지 말며 네 포도원에 떨어진 열매도 줍지 말고 가난한 사람과 거류민을 위하여 버려두라 나는 너희의 하나님 여호와이니라
>
> 레 19:9,10

"일용할 양식"을 구한다는 것은, '모두와 나누어 먹을 떡을 아버지의 자녀 된 우리에게 맡겨주세요'라는 간구이다. '우리가 대표로 만나를 거두러 나왔습니다. 우리가 거둔 만나는, 딱 우리가 필요한 분량만 취할 것이고, 나머지는 스스로 거두지 못하는 자들과 함께 나눌 것입니다'라는 기도를 주님이 왜 안 들어주시겠는가?

네 번째로 살펴볼 요소는 '오늘의 필요'라는 부분이다. 주님
은 우리에게 '오늘'의 양식을 구하게 하셨다.

"오늘 우리에게 (우리의) 일용할 양식을 주시옵고…."

이것이야말로, 참으로 인간적인 기도가 아닌가 싶다.

이 표현에서 '오늘'이라는 시간과 공간 속에서 살아가는
우리의 모습을 엿볼 수 있기 때문이다. 시간과 공간의 압력
속에서 살아간다는 것은 초조함과 조급함이 충분히 형성될
수 있는 상태를 의미한다.

예를 들어, 무한한 시간적 자원을 소유하고 있다면, 초조
함과 조급함은 우리에게 낯선 감정일 것이다. 그러나 우리
자신은 물론이고, 우리가 사랑하는 사람들을 비롯하여 피조

세계의 모든 것이 변하고, 쇠하고, 썩어져간다. 이러한 불가피한 운명 속에서 우리는 '오늘'이라는 단어에 매우 중요한 비중을 둘 수밖에 없다.

'오늘' 필요한 것들이 있기 때문이다. 내일이 왔을 때는 더 이상 그것을 누릴 만한 기력조차 없을 수도 있다. 한 치 앞도 예측할 수 없는 우리의 인생이기 때문이다.

그래서 주님은 이렇게 기도하라고 가르쳐주신 것이다.

"아버지, 오늘 필요한 것을 주세요!"

우리 아버지는 하늘에 계신 분이다. 하늘에 계시다는 것은 시간과 공간에 전혀 영향을 받지 않으신다는 뜻이다. 따라서, 하나님은 그 어떠한 상황 앞에서도 조급하실 이유가 하나도 없다. '오늘'이라는 것이 그분께는 적용되지 않기 때문이다.

하지만 성경은 너무나 충격적인 사건을 우리에게 소개해 주었다. 하나님이 인간의 형상으로 '오늘'이라는 영역에 들어와주셨다는 것이다. 고민과 걱정과 불안감으로 얼룩덜룩 물든 '오늘'이라는 무대에 말이다. 왜 그러셨을까? 그 이유를 히브리서 기자는 이렇게 밝혀주고 있다.

우리에게 있는 대제사장은 우리의 연약함을 동정하지 못하실 이

가 아니요 모든 일에 우리와 똑같이 시험을 받으신 이로되 죄는 없으시니라 히 4:15

여기서, 주님은 우리의 연약함을 동정하신다고 말한다. '동정하다'라고 하면 '불쌍히 여긴다'라고 생각할 수 있는데, 이는 '공감하다'라는 뜻이다. 주님도 경험해보셨기 때문에 우리 안에 형성되는 조급함과 초조함을 잘 알고 계신다는 뜻이다. 당장 필요한 돈, 당장 필요한 식량, 당장 필요한 도움, 당장 필요한 치유와 같은 '오늘' 필요한 것들에 대한 중요성을 이해하신다는 뜻이다.

하나님이 우리에게 공감해주신 결과로 주어진 권면이 무엇인가?

때를 따라 돕는 은혜를 얻기 위하여 은혜의 보좌 앞에 담대히 나아갈 것이니라 히 4:16

주님은 '오늘' 필요한 것을 구하는 것이 지극히 성경적임을 우리가 알기 원하신다. 이것이 우리를 향하신 하나님의 마음이다.

"오늘 우리에게 일용할 양식"을 달라고 간구하는 것은 영원하신 손길로 유한한 우리를 만져달라는 외침이다. 시간과 공간의 지배를 받지 않는 하나님께서 우리의 유한한 인생에 찾아와 달라는 애타는 초청이다.

그리고 그 응답으로 허락된 빵 한 점이라도 우리의 목구멍으로 넘어간다는 것은 주님의 역사가 우리의 '오늘'을 채우는 순간이다. 주님이 베푸시는 도움은 언제나 가장 정확하다! 이 어찌 감격하지 않을 수 있을까!

영원한 안심

이제 마지막으로 한 가지 요소를 더 살펴보자. 이것은 우리 말로는 '일용할'이라고 번역된 단어다. 영어로는 'daily'라고 표현되어 있다. 사실, 한글이나 영어나 원어의 의미를 정확하게 번역해내지는 못했다. 다만, 최선의 결과가 지금 우리가 사용하는 '일용할' 혹은 'daily'란 표현이 아닐까 생각한다.

원어는 '에피우시오스'(epiousios)라는 단어인데, 이 단어는 동시대의 다른 그리스 문서에서 찾아볼 수 없었으며, 신약성경에서도 주님이 가르쳐주신 기도를 기록하고 있는 마태복음 6장 11절과 누가복음 11장 3절을 제외하고는 전혀 사용되지 않았다.

신학자들이 성경을 연구할 때 성경이 쓰인 당시에 기록된 여러 문서를 참고하여 성경에 사용된 어떤 단어의 의미를 정확히 파악하고자 한다. 동시대에 쓰인 다른 문서에서 특정 단어가 어떻게 사용되었는지를 보면 그 뜻과 뉘앙스를 거의 정확하게 정의할 수 있기 때문이다. 성경 밖의 동시대 자료뿐만 아니라 성경 자체만으로도 단어의 의미를 확인할 수 있다. 그 단어가 사용된 여러 본문을 살핌으로써 그 단어에 대한 의미를 보다 정확하게 정의할 수 있는 것이다. 성경에서 그 단어가 사용된 횟수가 많을수록, 그 단어의 의미를 정의하는 것은 더 정확해진다.

문제는 '에피우시오스'라는 헬라어 단어가 다른 곳에서는 등장한 적이 없다는 점이다. 그런 단어를 오늘날 '일용할'이라고 표현하기까지 많은 과정이 있었으나, 그 과정을 여기서 전부 다 설명할 수도 없을뿐더러, 그럴 필요도 없다고 생각한다. 그러나 이 표현에 대해 한 가지만은 꼭 짚어서 정의하고 싶다.

'일용할'이라는 표현을 얼핏 들으면, '오늘 하루에 해당하는 분량'이라고 생각하기 쉽다. 그러나 '일용할'이라는 단어가 강조하고 싶었던 것은 단순한 양(quantity)이 아니라, 본질(substance)이다. 주님이 가르쳐주신 간구 안에 담긴 본질은 'daily'(오늘의)가 아니라 'every day'(하루하루)이다. 지속해서 '일용할' 필요를 채우신다는 것은 매일매일 그분의 채우심을 경험하게 된다는 뜻이고, 이러한 일이 거듭되면 내일에 대한 불안이 사라지게 되는 법이다. 내일이 와도 또 필요한 것을 허락해주실 것이 확실하기 때문이다. 즉, 이 단어가 암시하는 표현은 '영원한'(eternal)인 것이다.

주님은 이렇게 알려주고자 하셨던 것이다.

"너희가 내 안에 있는 한, 영원토록 부족함이 없을 것이다. 내가 너희의 영원한 떡이다. 오늘도 너희의 필요를 채워줄 것이고, 내일이 와도 너희의 필요를 채워줄 것이니, 절대로 두려워 말라. 불안해 말라!"

주님은 식량을 해결할 대책을 우리에게 가르쳐주고자 하셨던 것이 아니다. 주님은 세상을 살아가면서 필요한 것들에 대한 걱정과 근심을 하나님의 백성들 안에서 제거하고자 하셨다. 따라서 "일용할 양식"을 구한다는 것은 "오늘도 주실 것이고, 내일도 주실 것이니, 나는 주님 안에서 두려움이 없습니다!"라는 고백이다. 세상 사람들이 하는 걱정에서 자유함을 얻는 것이 주님의 목적이었던 것이다.

한 치 앞도 보지 못하는 우리가 말할 수 없이 혼란스러운 때를 살아가고 있다. 그러나 우리가 안식할 수 있는 까닭은 주님이 오늘도, 내일도 변함없이 우리의 모든 필요를 채워주실 것을 신뢰하기 때문이다!

우리가 우리에게 죄 지은 자를 사하여준 것같이
우리 죄를 사하여주시옵고

마 6:12

죄 사함을 위하여
기도하라

우리 죄를
사하여주옵소서!

회개의 중요성

주님이 가르쳐주신 기도는 전인적(全人的) 기도다. 단순히 학업이나 사업이 잘되게 해달라는 부탁이 아니다. 병을 고쳐달라는 간구도 아니다. 주님은 우리의 영혼과 정신과 마음과 육신을 모두 다루기를 원하셨다. 앞에서 말했듯이, 주님이 주시는 축복(샬롬)은 단면적인 성공이 아니다.

학업이 아무리 잘된대도 정신적 질환이 생기면 무슨 소용인가? 사업이 아무리 승승장구한다 해도 그로 인해 가정이 무너진다면, 얼마나 비참한 인생인가?

주님은 우리의 영혼이라는 기둥을 먼저 바로 세우기를 원하신다. 이것은 하나님과 우리의 관계가 온전할 때 가능하다. 그러고 나면, 우리의 정신과 마음과 육신을 돌볼 수 있다. 그리고 그 열매로 다른 사람들과의 관계도 변화를 맺게 되는 것이다.

주님이 가르쳐주신 기도는 우리의 다면적 영역들을 모두 다루고 있다. 하나의 간구인데 한 가지 틀에 제한되어 한 부분만 다루시는 것이 아니라 다면적인 부분을 동시에 다루고 있다는 것이다. 주기도문의 구석구석에서 이런 간구가 묻어나고 있으며, 순간순간 메아리치고 있다.

예를 들어, 일용할 양식을 구하는 것도 단순히 육체적 필요를 채워달라는 의미만이 아니라는 사실을 우리는 이미 살펴보았다. 마찬가지로 우리의 죄를 용서해달라는 간구도 단순하지 않다. 이제 이 간구를 조금 더 가까이에서 살펴보자. 그래서 우리를 향한 주님의 마음을 바로 이해하고, 참된 축복을 누리게 되기를 소망한다.

회개하지 않는 시대

지금 우리는 회개하지 않는 시대에 살고 있다. 매우 뻔뻔한 시대가 되어버렸다. 수치스러운 것을 부끄러워할 줄 모른다. 감추어야 할 것을 오히려 자랑한다. 악한 것을 옳다고 말하고, 선한 것을 배타적이라고 평가한다. 세상뿐만 아니라, 교회도 마찬가지다. 죄를 회개해야 한다는 사실은 알고 있지만, 자신의 죄가 지적받는 것은 매우 불쾌하게 여기는 교인들의 모습을 자주 목격할 수 있다.

나는 하나님의 말씀이 진리라고 믿는다. 진리는 절대적 기준이다. 상황에 따라 상대적일 수 없는 것이다. 개인적인 인정이나 감정으로 태도를 바꿔서도 안 된다. 진리는 시대의 트렌드와 무관하다. 진리는 세상의 유행을 따라가지 않는다. 진리의 출발점은 인권이 아니다. 또한 진리는 나의 행복이 가장 중요한 우선순위가 아니다.

하지만 사람들은 진리에 관심을 두기보다 자신의 가치를 높이 평가해주고 인정해주는 데 더 솔깃하다. 따라서 사람들은 죄를 깨닫게 하는 진리 선포보다 긍정적 마인드를 불어넣어 주는 메시지에 더 열광한다. 참된 회개로 안내하는 뼈아픈 권면보다 자신의 노력으로 목적을 이루어낼 수 있는 방법론을 제시해주기를 바란다.

그렇다면, 한마디로 그들은 그리스도인이 아니다. 성도의 겉모습과 형태는 갖추고 있지만, 가장 중요한 본질을 소유하지 못했기 때문이다. 그 본질은 '거듭남'이다.

예수께서 대답하여 이르시되 진실로 진실로 네게 이르노니 사람이 거듭나지 아니하면 하나님의 나라를 볼 수 없느니라 요 3:3

그렇다. 참된 그리스도인이 된다는 것은 행위의 개선으로 이루어지는 것이 아니다. 낙관적인 철학으로 죄인을 의인으로 탈바꿈시킬 수 있는 것도 아니다. '거듭남'은 오직 참된 회개로 이루어진다. 성령님의 도우심으로 자신의 죄를 깊이 깨닫고, 아픈 회개를 통하여 주님께 돌아오고, 통회하는 심령에 부어주시는 참된 용서를 경험하고, 그 놀라운 은혜로 인하여 인생의 순간순간을 살아가게 되는 것이다.

오늘날의 문제는, 자신의 죄를 바로 깨닫게 해주는 메시지가 메말라버렸다는 것이고, 어느새 소비자 마인드로 교회를 대하기 시작한 성도들은 불편한 말 듣는 것을 견디지 못하게 되었다는 것이며, 결정적으로 하나님의 말씀이 더 이상 절대적 기준으로 작동하지 못하고 있다는 점이다.

오히려 한 개인의 경험과 생각과 부분적인 지식과 여기저기서 듣고 짜깁기한 이야기들이 진리를 대체해버리는 너무나 안타까운 현상을 우리는 보고 있다. 자기에게 불리한 이야기는 신학적 견해 차이로 묵살하고, 자기에게 유리한 내용은 하나님의 뜻이라고 단언하는, 매우 자기중심적인 신앙생활을 하는 사람들로 교회 좌석이 채워지는 것이 나는 가슴이 아프다. 하나님 말씀의 권위를 자신의 편견보다도 못한 것으로 여기고, 자기 기분에 따라 공격할 수 있는 만만한 대상으로 여기는 사람들을 대할 때면 마음이 답답하다.

여러 번 강조했듯이, 주님이 가르쳐주신 기도는 우리 신앙의 방향성을 제시해준다. 또한 이 기도는 우리 신앙에 있어서 가장 기초적인 틀을 구축해준다. 그런 주기도문에 "우리의 죄를 사하여주시옵고"라는 간구가 있다. 몇 마디 되지 않는 이 짧은 기도에서도 주님은 회개에 대해 일러주셨다. 이것만 보아도 주님이 회개의 중요성을 얼마나 강조하고자 하셨는지, 우리는 짐작할 수 있다.

회개 없이는 하나님과 우리가 아무런 상관이 없기 때문이다. 회개 없이는 그리스도의 공로가 나오는 아무런 연관이 없기 때문이다. 회개 없이는 그 큰 은혜를 알 수 있는 길이 도무지 없기 때문이다.

율법의 역할

사도 바울은 로마서 5장 20절에서 이렇게 말한다.

"율법이 들어온 것은 범죄를 더하게 하려 함이라 그러나 죄가 더한 곳에 은혜가 더욱 넘쳤나니."

여기서 사도 바울은 율법의 역할을 소개한다. 율법은 죄를 죄라고 폭로하는 잣대 역할을 한다는 것이다. 이런 기준 없이는 죄를 죄로 여길 수 없다.

이번 코로나 사태를 겪으며, 우리는 매일매일 보고되는 확진자 수에 관심을 두게 되었다. 이러한 확진자 수에 크게 영향을 미치는 것 중 하나가 몇 명을 검사했는가 하는 것이다. 실제로 아무리 감염자가 많다고 해도 검사를 진행하지 않으면 확진자 수는 적을 수밖에 없다.

이처럼 율법이 등장함으로 죄가 얼마나 흥하고 심각한지 한눈에 볼 수 있게 되었다. 율법이 등장하기 전까지는 죄인이 아무리 많아도 죄인을 죄인으로 여기는 기준이 확실하지 않았다. 율법이 소개됨으로 죄인을 죄에 감염된 자, 즉 확진자로 평가할 수 있는 기준이 마련된 것이다.

죄에 대한 정확한 정의 없이 어찌 죄를 깨달을 수 있겠는가? 또한 죄에 대한 깨달음 없이 어찌 참된 회개가 이루어질수 있겠는가? 죄를 사하여주시는 그 은혜를 어찌 경험할 수 있냐는 것이다. 결과적으로, 이런 과정 없이는 주님을 도저히 사랑할 수 없다.

그의 많은 죄가 사하여졌도다 이는 그의 사랑함이 많음이라 사함을 받은 일이 적은 자는 적게 사랑하느니라 눅 7:47

회개의 메시지를 들어라

회개는 우리가 생명으로 가는 유일한 통로다. 주님과 연결되는 유일한 접촉점인 것이다. 회개 없이는 천국도, 영생도 없다.

그렇기에 죄를 말하지 않는 목사는 삯꾼이요, 양심의 찔림을 불쾌하게 생각하기만 하는 교인은 하나님을 멸시하는 자라고 할 수 있다. 성령께서는 양심을 편하게 내버려두지 않으시는 분이며, 회개를 통해서만 하나님의 용서를 경험할 수 있는 법이고, 이러한 은혜의 감격 없이는 절대로 하나님을 온전히 사랑할 수 없기 때문이다.

그래서 사도 요한은 이렇게 말하지 않았는가?

만일 우리가 죄가 없다고 말하면 스스로 속이고 또 진리가 우리 속에 있지 아니할 것이요 요일 1:8

만약 우리가 우리의 죄를 자백하면 어떻게 되는지에 대해서도 확실한 약속이 있음을 기억하기 바란다.

만일 우리가 우리 죄를 자백하면 그는 미쁘시고 의로우사 우리 죄를 사하시며 우리를 모든 불의에서 깨끗하게 하실 것이요 요일 1:9

이 시대는 특별히 자기 믿음을 잘 지켜야 하는 시대다. 오늘 우리가 사는 이 시대가 회개와는 도무지 어울리지 않는 시대가 되어버렸기 때문이다.

회개는 추상적인 개념이 아니다. 사도 바울은 믿음은 들음에서 난다고 했다(롬 10:17 참조). 따라서 무엇을 듣는가가 매우 중요하다. 우리의 죄를 충분히 말하지 않는 가르침을, 나의 양심을 자극하지 않는 가르침을, 내가 말씀 앞에서 괴로워하게 만들지 않는 가르침을 우리는 멀리해야 할 의무가 있다. "어찌할꼬"라는 고백이 나오지 않게 하는 설교를 멀리해야 할 의무가 있다. 죄 선포 없이 어찌 회개할 수 있겠는가?

회개함이 없이는 참된 용서를 경험할 수 없고, 참된 용서로 인한 감격 없이는 은혜를 입은 자의 자세가 있을 수 없기 때문이다.

천국이 가까이 왔다는 소식과 동시에 전해졌던 외침은 "회개하라!"였다는 것을 기억하라. 마지막 날 숨을 장소를 모색하거나 자생할 수 있는 방책을 계획하는 것보다 더 중요한 요구가 있다. 주님은 "요새를 준비하라! 천국이 가까이 왔느니라!"라거나 "농사를 지어라! 천국이 가까이 왔느니라!"라고 말씀하지 않으셨다. 주님은 분명히 선포하셨다.

"회개하라! 천국이 가까이 왔느니라!"(마 3:2)

이 간구의 의미

주님이 가르쳐주신 회개에 대한 간구의 내용을 보면, 한 가지 전제 상황이 존재하고 있음을 확인할 수 있다.

"우리가 우리에게 죄 지은 자를 사하여준 것같이 우리 죄를 사하여주시옵고…."

이 간구에 대해 적지 않은 의문과 오해가 있을 수 있다. 따라서 이 부분을 조금 더 구체적으로 정리해보는 것이 좋을 것 같다.

나는 이 간구의 의미를 조금 더 분명히 하기 위해 크게 두 가지로 나누어 살펴보려고 한다. 이 간구의 의미가 무엇이 아니고 무엇이 맞는지 말이다. 우선 이 간구의 의미는 무엇이 아닌지에 대해 분석해보면서 오해를 바로잡고, 이어서 그렇다면 이 간구가 진정으로 뜻하는 의미는 무엇인지에 대해 살펴보도록 하겠다. 우리 안에 쉽게 생길 수 있는 의문과 오해가 조금이나마 해결되리라 생각한다.

오해 - What this petition is Not

"우리가 우리에게 죄 지은 자를 사하여준 것같이 우리 죄를 사하여" 달라는 간구는 하나님께서 우리의 죄를 조건적으로 용서해주신다는 뜻이 아니다. 누군가 우리에게 잘못을 저지른 것을 우리가 용서해주면, 그 대가로 하나님께서도 우리의 죄를 용서해주신다는 의미가 아니란 것이다.

얼핏 읽어보면 이렇게 이해할 오해의 소지가 있다. 그러나 우리가 이미 너무나 잘 알고 있듯이, 하나님의 사랑은 무조건적이다. 이런 사랑에서 탄생한 구원의 역사도 마찬가지다. 이에 대해 사도 바울은 다음과 같이 말한다.

> 우리가 아직 죄인 되었을 때에 그리스도께서 우리를 위하여 죽으심으로 하나님께서 우리에 대한 자기의 사랑을 확증하셨느니라
>
> 롬 5:8

이 말씀에서 우리는 두 가지 사실을 확인할 수 있다.

첫째는, 하나님이 우리를 무조건적으로 사랑해주셨다는 것이다. 그리고 주님이 우리를 대속해주신 것도 우리의 어떤 행위의 대가로 이루어진 성과가 아니란 것이다.

둘째로, 하나님이 베푸시는 구원에는 분명한 순서가 존재한다는 점이다. 우리는 사랑받을 만한 조건을 먼저 충족하고, 그 결과로 죄 사함을 받은 것이 아니다. 사도 바울은 "우리가 아직 죄인 되었을 때에"라고 지적하고 있다. 즉, 우리의 어떤 변화와 의무가 우선된 것이 아니라 주님의 사랑이 앞장섰다는 뜻이다.

우리는 죄인을 조건 없이 용서해주시는 하나님에 대해 유명한 이야기를 통해 잘 알 수 있다. 바로 탕자의 비유다.

아버지의 품을 떠나 수많은 죄를 지은 아들이 집으로 돌아왔을 때, 아버지는 어떤 조건을 내세우지 않았다. 어떤 회개를 하는지 들어보고 용서하겠다고 말하지 않았다. 진정으로 자기 잘못을 뉘우쳤는지 몇 달 동안 옆에서 지켜보겠다고 겁주지 않았다. 혹은, 잘못을 저지른 만큼 일정 기간 종으로 일하며 죗값을 치르라고도 하지 않았다.

아버지의 사랑과 용서는 무조건이었다.

아직도 거리가 먼데 아버지가 그를 보고 측은히 여겨 달려가 목

아버지는 아들이 회개할 짬도 주지 않고 그에게 달려가 목을 안고 입을 맞추었다. 그 아들은 단지 아버지께로 돌아가리라고 마음 먹고, 자기 발걸음을 집으로 향해 옮겼을 뿐이다. 나머지 귀환의 과정은 아버지가 책임져주었다.

아버지의 벅찬 사랑과 용서를 이기지 못하고 아들은 고백한다.

아들이 이르되 아버지 내가 하늘과 아버지께 죄를 지었사오니 지금부터는 아버지의 아들이라 일컬음을 감당하지 못하겠나이다 하나 눅 15:21

참된 회개는 조건 없는 사랑의 초대로 이루어지는 기적이다. 참된 변화는 위대한 용서를 받은 감격으로 형성되는 새로운 삶이다. 그렇다. 참회의 원자재는 하나님의 인자하심이다. 우리의 참회하는 모습이 하나님의 인자하심을 불러일으키는 것이 아니라, 하나님의 인자하심이 우리로 회개하게 한다는 것이다.

이 진리를 모르는 사람들을 향하여 사도 바울은 다음과

같이 답답함을 호소한다.

혹 네가 하나님의 인자하심이 너를 인도하여 회개하게 하심을
알지 못하여 그의 인자하심과 용납하심과 길이 참으심이 풍성함
을 멸시하느냐 롬 2:4

회개하는 길로 나를 깨우쳐 인도하시고, 마음을 요동케
하시며, 양심을 자극하시고, 회개하면 받아주실 것이라는
확신을 불어넣어주심으로 회개할 수 있는 분위기를 조성해
주는 것이 바로 아버지의 인자하심이라는 것이다.

탕자는 '아버지가 나를 받아주실까? 안 받아주시면 어떡
하지? 아버지 집으로 돌아간다면 과연 내가 새로운 삶을 살
수 있을까? 안 될 거야. 계속 가야 할까? 여기서 돌아갈까?'
수도 없이 망설이며 아버지의 집 근처까지 갔을 것이다. 여기
서 나머지 여정을 완성한 것은 아들이 아니다. 아버지가 달
려 나와서 아들의 목을 안고 아들에게 입을 맞추며 회개할
수 있는 분위기를 조성해주고 완성해준 것이다.

우리가 어떤 사람에게 회개하기 쉽겠는가? 팔짱을 끼고서
무뚝뚝한 표정으로 나가 '니가 어떻게 회개하는지 한번 들어보
고 내가 용서할지 말지 결정하겠다' 하는 사람에게 우리 죄를

자백하기 쉽겠는가? 아니면 얼른 달려나가 목을 안고 입 맞추며 기다렸다고 하면서 환영해주는 사람에게 회개할 수 있겠는가?

"우리가 우리에게 죄 지은 자를 사하여준 것"을 조건으로 우리의 죄 문제에 대한 여지를 하나님께서 고려해보시겠다는 잘못된 이해가 없길 바란다.

진정한 의미 - What this petition is

그렇다면 이제 이 간구의 의미가 무엇인지를 살펴보자. 이 간구에 담겨 있는 풍성한 의미는 뒤에서 '이 간구의 영향력'을 살펴보면서 주님이 어떤 의도를 가지고 우리에게 이 간구를 가르쳐주셨는지 더 정확하게 알 수 있을 것이다. 지금은 우선 간략하게 몇 가지만 생각해보자.

먼저 이 간구는 이미 용서받은 자들에게만 허락된 간구다. 주님이 이 간구를 누구에게 가르쳐주셨는지만 생각해봐도 모든 것이 쉽게 명백해진다.

주님은 이 기도를 가르쳐주신 대상에게 하나님을 향하여 "하늘에 계신 우리 아버지"라고 부르도록 요구하셨다. 즉, "우리가 우리에게 죄 지은 자를 사하여준 것같이 우리 죄를 사하여주시옵고"라는 간구는, 이미 용서함을 받은 사람들만이 말할 수 있는 내용이다. 하나님의 자녀 된 자의 입술에만 어울리는 간구라는 뜻이다. 하나님을 향하여 '우리 아버지'라고 부를 수 있는 사람들에게 허락된 특권이라고 표현하는 것이 정확할 것 같다.

따라서 이미 앞에서 설명했듯이, 주님의 용서는 조건적이지 않다는 사실을 다시금 확인할 수 있다. 우리에게 용서가 임하는 순서도 나중이 아니라, 먼저다. 우리가 누군가를 용서한 후에 주님의 용서가 임하는 것이 아니라는 뜻이다.

하나님이 우리를 먼저 용서하셨기 때문에 우리는 하나님의 자녀가 될 수 있었고, 그래서 하나님을 향하여 "하늘에 계신 우리 아버지여"라고 부를 수 있게 되었다. 그런 하나님의 자녀들에게 허락된 간구인고로, 하나님의 사랑은 조건적이지 않으며 순서로 봐도 우리가 남을 용서한 다음에 우리 죄를 용서해주시는 것이 아니란 사실을 확신할 수 있다.

또 한 가지 짚고 싶은 것이 있다. 이것은 "우리가 우리에게 죄 지은 자를 사하여준 것"을 이유로 우리의 죄를 사하여달라는 간구가 아니다.

주님은 우리가 우리에게 죄 지은 자를 사하여준 것을 조건으로 하나님께 우리의 죄도 용서해주시기를 기도하라고 하신 것이 아니다.

우리가 누군가의 죄를 용서하는 분량을 보면, 우리가 하나님의 은혜를 얼마만큼 경험하고 알고 있는지 짐작할 수 있는 법이다. 우리가 남을 용서할 수 있는 능력은 우리가 용서받은 감격에 절대적으로 비례하기 때문이다.

많이 용서받아서 많이 감격하는 사람, 그 은혜를 깊이 경험한 사람은 많이 용서할 수 있다. 그러나 용서받은 감격이 적으면 자기의가 강하기 마련이다. 이것을 거꾸로 말하면, 자기의가 강하다는 것은 용서받은 감격이 적다는 뜻이기도 하다.

자기의가 강하면 남을 용서하는 것이 쉽지 않다. '나는 이렇게 했는데 너는 왜 그렇게 해?'라는 논리가 끊임없이 작동하기 때문이다. 설령 자기가 용서받았다고 해도 자기는 용서받을 만한 자격이 있다고 생각하는 사람이다.

따라서 주님의 용서는 십자가에서 흘러 내려오기 시작하지만, 그 능력의 종착점은 우리 안이 아니라, 세상 끝이다. 쉽게 말하면, 우리가 용서받는 것으로 끝나는 것이 아니라, 그 은혜의 혜택이 남에게까지 흘러가야만 한다는 뜻이다. 나를 통해 용서가 얼마나 흘러가는지를 보면, 내게 진짜로 용서받은 감격이 있는지 없는지를 확인할 수 있다는 것이다.

주님과의 관계를 점검하는 바로미터

나는 내가 다른 사람을 대하는 모습을 보며, 나와 주님과의 관계를 점검한다. 이것이 가장 정확한 바로미터이기 때문이다.

나의 심령이 다른 사람들을 향하여 가장 부드러울 때는 내가 모든 것을 잘하고 있을 때가 아닌 것 같다. 오히려, 내가 실수하고 넘어져서 하나님 앞에 애통하기 바쁠 때, 다른 사람이 나에게 저지른 잘못이 잘 보이지 않았다. 하나님의 긍휼 없이는 서지 못할 때, 남에게 가장 너그러운 나의 모습을 목격한다.

그래서 내가 나 자신을 두고 항상 기도하는 제목이 있다. "주님의 은혜를 내 심령 가까운 곳에 두사, 내가 남의 허물을 덮어줄 수 있도록 도와주소서"라는 간구다. 내 안에서 은혜가 떨어지면 남에게 엄격해진다. 남에게 너그러워지기 시작했다는 것은 그만큼 내 안에 은혜가 있다는 증거다. 이것이 직접적으로 연관이 되고, 비례한다. 주님이 인자하심으로 나를 매일매일 녹여주시지 않는 한, 날카롭고 곤두설 수밖에 없는 부족한 성품이기 때문이다.

자기의가 강할수록 남에게 너그럽지 못하다. 그런데 하나님께서는 그런 자기의에 도전하시고 그것을 깨뜨리신다. 그래서 나 자신에게 크게 실망하게 될 때, 남에게 더 너그러워지는 것이다.

이 간구에 담긴 이러한 의미를 다시 한번 우리 가슴에 되새길 수 있으면 좋겠다.

이 간구의 영향력

"우리가 우리에게 죄 지은 자를 사하여준 것같이 우리 죄를 사하여주시옵고"라는 간구를 우리가 진정으로 깨닫고 전심으로 고백하면, 우리는 다음과 같은 세 가지 영향력을 경험하게 될 것이다. 이 간구에 담긴 주님의 의도가 우리 안에서 다음과 같은 형태로 펼쳐진다고 말할 수 있다.

첫째, 우리에게 임무를 안겨준다

우리는 지금까지 주님이 가르쳐주신 기도에 담긴 간구를 하나씩 구체적으로 살펴보고 있다. 각 간구는 하늘에 계신 아버지께 아뢰는 우리의 바람이기도 하지만, 동시에 하늘에서 내려오는 우리의 임무이기도 하다는 사실을 이미 목격했을 것이다. 이것이 주기도문의 아름다운 영향력이다.

주님이 모세에게 나타나셨을 때를 생각해보라. 하나님은 모세에게 "내 백성의 부르짖는 소리를 들었다. 내가 내려가서 그들을 애굽인의 손에서 건져낼 것이다"(출 3:7,8 참조)라는 기대할 만한 말씀을 하셨다. 아마 모세는 순간적으로 솔깃했을 것이다.

'하나님, 드디어 주님이 이스라엘 백성을 구하러 가시는군요! 우리의 간구를 들으셨군요!'

그런데 하나님이 뭐라고 하셨는가?

"이제 내가 너를 바로에게 보내노라"(출 3:10 참조).

하나님은 사람을 통해 일하는 분이시기에, 우리의 기도를 들으시고 그 기도를 통해 역사하시지만, 그것이 나의 임무로 배당된다는 것이다. 기도의 현장에 올 때는 간구로 주님께 아뢰지만, 기도의 현장을 떠날 때는 임무를 띤 자로 내가 파송된다는 뜻이다.

예를 들어, 주기도문에서 주님의 이름이 거룩히 여김을 받게 해달라는 간구는 우리가 주님의 이름의 존귀함을 지켜드려야만 하는 임무를 선사해준다. 또 일용할 양식을 달라는 간구는 일용할 양식을 찾기 위하여 주님이 그것을 내려주시는 현장으로 나가겠다는 의지를 우리에게 안겨준다.

이처럼 "우리가 우리에게 죄 지은 자를 사하여준 것같이 우리 죄를 사하여주시옵고"라는 고백이 우리 입술에 맺히는 순간, 우리는 다른 사람을 용서해야 하는 임무를 맡게 되는 것이다. 하늘나라의 시민이 씨름해야 하는 숙제가 주어지는 것이고, 하나님의 자녀가 나아가야 하는 방향이 제시되는 순간이다.

'인생을 살아가며 무엇을 가지고 고민할 것인가'라는 질문에 대한 답이 여기 있다. 주님은 무엇을 먹을까, 무엇을 마실까, 무엇을 입을까를 염려하지 말라고 경고하셨다. 이것은 이방인들에게 어울리는 걱정거리이기 때문이다(마 6:31,32 참조). 물론 일용할 양식을 구하라고 하셨으니 구하되, 그 비중이 극히 일부란 말이다. 주기도문만 봐도 여러 간구 중 하나가 일용할 양식이며, 더욱이 일용할 양식을 달라는 간구조차도 내 배를 불리기 위해서만 구하는 것이 아님을 우리는 이미 살펴보았다.

주님이 가르쳐주신 간구를 소유한 우리는 누군가를 용서하기 위해 정신적인 씨름을 해나가야 한다는 인생의 새로운 과제와 고민거리를 안게 되었다. 이 간구를 드리면서 우리는 인생의 새로운 과제와 고민거리를 떠안게 되었다. 도저히 용서할 수 없는 사람을 용서하기 위해 우리의 힘을 쏟아내야 하는 것이다.

주님이 가르쳐주신 기도를 입술로 말하며 자신의 가족조차 용서할 부담을 느끼지 못한다면, 이 기도는 아무런 소용이 없다는 사실을 아는가? 이 간구를 수없이 반복하면서도 누군가를 미워하는 쓴 뿌리를 제거하고자 몸부림치는 모습이 없다는 것은 너무나 안타까운 일임을 아는가?

용서할 내용이 크면 클수록, 용서하는 그 자체가 통증이 되기 마련이다. 쉽게 "용서하지 뭐. 용서할게"라고 말하는 것은 그만큼 덜 아팠다는 뜻일 것이다. 예를 들어, 극악무도한 범죄자에게 피해를 입은 피해자에게 "가해자를 용서하라"고 말한다면, 그런 말을 한 사람이 오히려 욕만 먹을 것이다. 그런 경우 "용서하라"는 말은 감히 사람의 입에 올릴 수 있는 표현은 아닐 거다. 진짜로 누군가를 용서한다는 것은 말할 수 없는 아픔이 동반될 수밖에 없다. 그 사람을 용서하는 것이 죽기보다 어렵기 때문이다.

그래서 주님은 기도로 가르쳐주셨다. 양심에 호소하기 위해서이다. 그 피해자가 언젠가 주기도문을 제대로 고백하는 날이 오면, 여기서 걸리게 될 것이다.

'우리가 우리에게 죄 지은 자를 사하여준 것같이 우리 죄

를 사하여주시옵고? 어? 그럼 내가 용서를 해야 한다는 말이네?'

그럼 어떻게 되는가? 이 일을 해결하지 않고는 양심으로부터 자유함을 얻을 수가 없다. 1년이 걸리든, 10년이 걸리든, 30년이 걸리든 하나님 앞에서 씨름이 시작되는 것이다.

호흡과 같이 거듭되는 간구가 아니면 누군가를 용서하는 것이 불가능하다. 앞에서 '아, 용서할게' 하고는 뒤돌아서서 잊어버리고 말면 되는 일이 아니기 때문이다. 하지만, 비록 쉽지 않더라도 끊임없는 고백을 통하여 쉴새 없이 부담을 느끼게 된다면, 적어도 올바른 방향으로 나아갈 수 있게 된다. 그리고 언젠가는 그 사람을 용서하는 날이 올 것이다.

이런 것을 보면, 이 간구는 주님이 우리를 너무나 사랑하셨기에 주신 기도가 아닌가 싶다. 누군가 "복수를 하려거든 무덤을 두 개 파라"고 했다. 왜 그런가? 누군가를 용서하지 못하고 복수심을 품고 있으면, 그래서 복수에 성공한다면 그 원수는 멸망하겠지만 그러한 복수심을 품은 내 속도 썩어갈 것이기 때문이다.

하나님이 우리에게 용서를 가르치시는 것은, 공적인 화평을 위해서기도 하지만 보다 궁극적으로는 나를 위한 것이다. '더 이상 복수심으로 너 자신을 해치지 마'라는 뜻이다.

미움이라는 바윗덩어리를 움켜쥐고 복수라는 바다에 뛰어들면 침몰하게 되어 있다.

한 가지만 더 짚고 넘어가자. 한글 성경에는 '죄'라고 번역되어 있는 단어를 영어 성경 ESV에서 보면 'debt'(빚)이라고 표현하고 있다. "Forgive us our debts, as we also have forgiven our debtors"(우리에게 빚진 자의 빚을 탕감해준 것같이, 우리의 빚도 탕감해주세요)라는 간구다. 이것은 매우 정확한 번역이다. '빚'이란 단어도 임무를 가리키는 표현이기 때문이다.

주님은 죄로 인한 우리의 빚을 탕감해주셨다. 그러나 이와 동시에 우리는 마음의 빚을 소유하게 되었다. 다른 사람을 용서해야 하는 임무를 얻게 된 것으로 생각하면 되겠다. 그러므로 우리가 다른 사람의 빚을 탕감해주지 않는다는 것은, 우리가 주님께 지고 있는 임무의 빚을 갚지 못하는 것이라고 말할 수 있다.

우리가 지고 있던 죄의 빚은 사라졌다. 그러나 우리 마음의 빚으로 형태가 바뀌었다. 더는 주님 앞에서 죄의 빚을 가지고 정죄받지 않게 되었다. 그러나 이제 마음의 빚을 얻게 되었기 때문에 우리는 복음에 빚진 자로서 남을 용서해야 한다는 임무가 생긴 것이다.

이 말씀을 통해 주님이 우리에게 주시는 임무를 다시 한번 가슴에 새기고 나를 위해 주신 임무, 마음의 빚을 갚기 위한 임무를 애써 수행하는 축복이 우리 삶에 있기를 바란다.

둘째, 우리 자신을 돌아보게 한다

"우리가 우리에게 죄 지은 자를 사하여준 것같이 우리 죄를 사하여주시옵고"라는 간구를 주님이 우리에게 가르쳐주셨다는 것은, 거울 하나를 우리에게 선물해주신 것과 같다고 생각한다. 자신을 돌아보기 위함이다. 우리가 하나님께 얼마나 용서를 받았는지, 그리고 그 감격을 진정 소유하고 있는지는 우리가 다른 사람에게 어떻게 대하는지를 비추어보면 거의 정확하게 진단할 수 있다.

참된 용서는 사람을 변화시킨다. 참된 감격은 사람의 양심에 충격을 가하게 된다. 참된 감동은 사람의 가치 기준을 재구성한다.

따라서 진정 용서를 아는 사람은 그가 남을 용서하는 모습으로 그 안에 있는 감격을 증명한다. 반대로 용서를 받은 것에 대한 감사를 아무리 입술로 말해도 그가 남을 용서하지 못한다면, 그의 감격이 순간적이고, 일시적이고, 극히 감성적이었다는 사실이 드러나게 된다.

마태복음 18장에 보면, 임금이 만 달란트 빚진 자를 불쌍히 여겨 그 빚을 탕감해주는 장면이 소개되고 있다. 그러나 만 달란트 탕감받은 자는 자기에게 백 데나리온 빚진 동료 한 사람에게 그 빚을 갚도록 재촉하며, 그를 옥에 가둔다. 이 소식을 전해 들은 임금은 그를 불러서 다음과 같이 말한다.

> 이에 주인이 그를 불러다가 말하되 악한 종아 네가 빌기에 내가 네 빚을 전부 탕감하여 주었거늘 내가 너를 불쌍히 여김과 같이 너도 네 동료를 불쌍히 여김이 마땅하지 아니하냐 하고 주인이 노하여 그 빚을 다 갚도록 그를 옥졸들에게 넘기니라 너희가 각각 마음으로부터 형제를 용서하지 아니하면 나의 하늘 아버지께서도 너희에게 이와 같이 하시리라 마 18:32-35

분명, 임금은 만 달란트 빚진 그 종의 빚을 탕감해주었다. 그가 자기에게 백 데나리온 빚진 자의 빚을 탕감해주는지, 안 해주는지 보고 만 달란트를 탕감해준 것이 아니다. 먼저 탕감해주었다.

그런데 그는 자기의 빚은 탕감 받았어도, 자기 동료에게는 인정사정없는 모습을 보였다. 그래서 임금은 그를 다시 불러 그 빚을 다 갚을 것을 요구한다. 그것은 빚을 탕감해준

임금의 은혜에 대한 감격과 감동과 감사가 없다는 사실이 명백하게 드러났기 때문이다. 그에게는 임금에게 진 빚이 그리 심각하지 않았다는 것이 증명된 셈이다.

감격과 감동과 감사가 크다는 것은 죄에 대한 인식이 확실했다는 뜻이다. 반대로 감격과 감동과 감사가 얕다는 것은 죄, 즉 그 빚에 대한 심각성을 인지하지 못했다는 것이다. 따라서 애원하며 용서해달라고 구했던 것도 가식이던 것이다.

이처럼 우리의 죄가 얼마나 심각한지 진정 안다면, 주님의 용서가 얼마나 위대한지 이해할 수 있다. 그리고 주님의 용서가 얼마나 위대한지 알면, 다른 사람의 잘못을 너그럽게 용서해줄 수 있기 마련이다.

반대로, 다른 사람의 실수를 용납하지 못한다는 것은 자신이 어떠한 죄에서 구원을 받았는지 잊어버렸거나 아예 모르고 있다는 확실한 증거가 된다.

어떤 죄에서 구원을 받았는지 모르는 자를 어찌 하나님의 자녀라고 말할 수 있겠으며, 하늘나라의 시민이라고 평가할 수 있겠는가? 자기 죄에 대한 이해도 분명하지 못한 사람이 어찌 거듭날 수 있냐는 말이다.

자기 죄를 제대로 인식조차 못했다는 것은 지금까지 "용서해주세요"라고 구했던 것이 다 거짓이었다는 것이다. 참회

함이 거짓이었는데, 어찌 구원이 진실할 수 있겠는가? 그러니 이 간구는 우리에게 구원의 참된 감격과 감동과 감사가 있는 지 스스로 돌아보게 하는 거울 역할을 한다는 것이다.

셋째, 주님께 나아가게 한다

지금까지 우리는 이 간구의 두 가지 영향력을 살펴보았다. 이 간구는 우리에게 다른 사람을 용서해야 한다는 임무를 준다는 것과 또 우리에게 구원의 참된 감격과 감동과 감사가 있는지 스스로 돌아보게 한다는 것이다.

여기까지만 살펴보아도 우리는 낙심한다. 왜냐하면 우리는 이런 임무를 감당할 만한 능력이 없다는 사실을 인정할 수밖에 없기 때문이다. 스스로 돌아보면 좌절할 수밖에 없다. 남을 용서하지 못하고, 분함을 가라앉히지 않고, 원한을 풀지 아니하며, 미움을 계속 자라도록 놔두는 것에 익숙해져 있는 우리 모습을 발견할 수밖에 없기 때문이다.

우리는 누군가를 미워하는 데 익숙해졌다. 용서하지 않는 것이 당연해졌다. 원한을 품는 것이 정당화되어버렸다. 그래서 우리는 이 기도를 하면서 낙심할 수밖에 없고, 좌절할 수밖에 없는 것이다. 그런데 바로 이것이 주님이 우리에게 이루고자 하셨던 사역이라고 생각한다.

"우리가 우리에게 죄 지은 자를 사하여준 것같이 우리 죄를 사하여주시옵고"라는 간구를 진정으로 드리는 순간, 우리는 그 임무의 벅참과 자신의 연약함을 직면한다. 그리고 결국 이와 같은 고백을 하게 된다.

"주님, 저는 그 사람을 도저히 용서할 수가 없네요. 오늘도 그 사람을 용서하지 못했습니다. 제 안에 있는 분노는 가라앉지 않습니다. 제 안에 있는 원한이 풀리지 않네요. 저는 그 사람이 죽도록 밉습니다. 이런 못난 저를 용서해주세요. 그리고 제가 그 사람을 용서하고 사랑할 수 있도록 도와주세요."

주님이 가르쳐주신 간구는 우리를 하나님 앞에 나아가게 하는 원동력의 역할을 한다. 결국, 자신의 한계를 인정하고, 감당할 수 없는 임무를 가지고 한탄하며, 주님 앞에 매달리게 된다.

그러면, 이렇게 못난 우리를 용서해주시는 주님의 은혜를 경험하게 될 것이다. 너무나 연약한 우리이지만, 끝까지 포기하지 않으시는 주님의 성실하심을 깨닫게 될 것이다. 이것이 우리에게 참된 감격과 감동과 감사가 될 것이고, 결국 우리는 조금씩이나마 이 간구를 삶으로 살아내게 되는 것이다.

그래서 우리는 이러한 기대를 하며 주님 앞에 오늘도 기도드린다.

"우리가 우리에게 죄 지은 자를 사하여준 것같이 우리 죄를 사하여주시옵고…."

우리를 시험에 들게 하지 마시옵고
다만 악에서 구하시옵소서
(나라와 권세와 영광이 아버지께 영원히 있사옵나이다 아멘)

마 6:13

7
CHAPTER

끝까지 승리하기 위하여 기도하라

시험에 들게 마시고
악에서 구하소서!

깨어 기도하라

겟세마네에서 주님은 제자들에게 이렇게 권면하셨다.

시험에 들지 않게 깨어 기도하라 마 26:41

십자가에 달리기 위하여 잡혀가시는 마지막 순간까지, 주님은 사랑하는 제자들에게 "시험에 들지 않게" 기도하라고 명하셨다. 목자의 심정이 잘 나타나 있는 당부라고 생각한다.

주님은 마태복음 10장 16절에서도 목자 된 심정을 토해내셨다.

보라 내가 너희를 보냄이 양을 이리 가운데로 보냄과 같도다 그 시험에 들 수밖에 없는 험한 세상에서 살아갈 우리를 향한 주님의 마음이 잘 드러나 있다.

주님의 이런 마음은 주님이 가르쳐주신 기도에서도 명확하게 표현되고 있다.

우리를 시험에 들게 하지 마시옵고 다만 악에서 구하시옵소서 마 6:13

너무나 간절하고 겸손한 호소다. 이 땅을 살아가는 우리를 향한 주님의 마음을 더 정확하게 이해하기 위해, 이 간구가 지닌 다섯 가지 의미를 함께 정리해보면 좋을 것 같다. 그래서 이 간구를 드릴 때, 보다 더 진정으로 올려드릴 수 있게 되기를 소망한다.

유혹에 빠지지 않게 해주세요

"우리를 시험에 들게 하지 마시옵고"라는 간구에 적지 않은 오해가 있다. '시험에 들다'라는 표현 때문이다. 얼핏 들으면 마치 하나님이 우리에게 시험거리를 던져주시는 것 같은 인상을 받을 수 있다. 그러나 성경은 이 점에 대해 분명하게 밝히고 있다.

> 사람이 시험을 받을 때에 내가 하나님께 시험을 받는다 하지 말지니 하나님은 악에게 시험을 받지도 아니하시고 친히 아무도 시험하지 아니하시느니라 오직 각 사람이 시험을 받는 것은 자기 욕심에 끌려 미혹됨이니 약 1:13,14

분명히 하나님은 우리를 시험하지 않으신다고 성경에 기록되어 있다. 그런데 성경의 다른 곳에서 하나님이 자신의 백성을 시험하시는 장면을 찾아볼 수 있다.

신명기 8장에 보면, 하나님이 이스라엘 민족을 40년간의 광야 생활을 통해 시험하셨다고 말한다.

네 하나님 여호와께서 이 사십 년 동안에 네게 광야 길을 걷게 하신 것을 기억하라 이는 너를 낮추시며 너를 시험하사 네 마음이 어떠한지 그 명령을 지키는지 지키지 않는지 알려 하심이라

신 8:2

이뿐 아니라, 하나님이 아브라함에게 그의 독생자 이삭을 제물로 바치라고 요구하시며 그를 시험하셨다는 사실을 우리는 너무나 잘 알고 있다.

그 일 후에 하나님이 아브라함을 시험하시려고 그를 부르시되

창 22:1

더 나아가 시편 기자는 하나님이 자신을 시험하신다는 사실을 전제로 다음과 같이 기도했다.

주께서 내 마음을 시험하시고 밤에 내게 오시어서 나를 감찰하셨으나 흠을 찾지 못하셨사오니 내가 결심하고 입으로 범죄하지 아니하리이다 시 17:3

여호와여 나를 살피시고 시험하사 내 뜻과 내 양심을 단련하소서 시 26:2

여기서 우리는 질문할 수밖에 없다. 성경에 모순이 있는 것인가? 한쪽에서는 하나님은 우리를 시험하지 않으신다고 하는데, 또 다른 쪽에서는 우리를 시험하신다고 말하고 있지 않은가?

이 궁금증은 '시험'이라는 단어를 정의함으로 다소 해소되리라 생각한다. 원어 '페이라스모스'(peirasmos)는 'trial'(본질, 정체, 본심, 능력을 평가하다)과 'temptation'(유혹, 유혹하는 것)이라는 두 요소를 동시에 지닌 매우 복잡한 단어다. 그렇기에 여기서 이 복잡성을 다 파헤치고 소화하기란 매우 어렵다. 그러나 성경 전체를 가로지르는 조직신학을 기반으로 확실히 말할 수 있는 한 가지가 있다. 하나님은 우리의 믿음과 동기와 생각과 본심 등을 잣대질(시험)하시지만, 우리를 유혹(시험)하여 죄를 짓게 하지는 않으신다는 사실이다.

그렇다. 하나님은 우리의 본성을 점검하고 확인하는 분이시다. 그리고 혹시 우리에게 부족하거나 연약하거나 잘못된 부분이 있다면, 주님은 우리를 연단하신다. 하지만 우리가 실족하도록 덫을 놓으시는 분은 절대 아니라는 사실을 반드시 기억하길 바란다.

"우리가 시험에 들게 하지 마시옵고"라는 간구는 하나님께서 우리의 본성을 점검하거나 확인하지 말아달라는 뜻이 아니다. 혹은 우리가 연단을 피해가게 해달라는 요청도 아니다. 이 간구는 우리가 유혹에 빠지지 않게 해달라는 간곡한 부탁이다.

우리는 늘 죄의 유혹에 노출되어 살아가고 있다. 눈과 귀와 생각과 마음과 같은 통로를 통해 끊임없이 죄는 우리 안으로 침입하려 한다. 그리고 행동과 입술을 통해 우리가 죄를 범하게 한다. 죄는 이렇게 우리를 유혹하여 넘어지게 한다.

죄의 목적은 우리를 멸망시키고, 하나님의 거룩하심을 파괴하는 것이다. 하나님의 이름을 더럽히는 것이다. 그러므로 우리에게는 죄와 싸워서 이겨야 하는 임무가 있다. 넘어져도 다시 일어서야 하는 책임이 있는 것이다. 하나님의 영광이 걸려 있기 때문이다.

주님의 이름이 거룩히 여김을 받는 것과 우리가 시험을 피하는 것은 아주 밀접한 관계가 있다. 주님의 이름이 거룩히 여김을 받기 위해서는 우리가 죄의 유혹을 물리쳐야 한다.

주님이 가르쳐주신 기도의 첫 번째 간구인 "이름이 거룩히 여김을 받으시오며"는 우리의 존재 이유의 선포라고 할 수 있다. '주님의 이름이 거룩히 여김을 받는 것' 그것이 우리의 존재 이유이다. 그리고 이 기도는 주님의 이름이 거룩히 여김을 받기 위하여 우리가 감당해야 하는 임무와 책임을 소개하면서 마무리된다. 바로 유혹에 빠지지 않게 해달라고 간구하는 것이다. 이것이 "우리가 시험에 들게 하지 마시옵고"라는 간구의 첫 번째 의미다.

돌발 상황에서 지켜주세요

유혹은 다양한 통로로 우리에게 침입한다. 때로는 짧지 않은 기간에 걸쳐 우리 안에 서서히 깊게 스며든다. 눈이나 귀를 통하여 전달된 유혹은 생각과 마음을 자극하여 행동과 말로 죄를 짓게 한다. 죄가 우리 안에 심기고, 우리 안에서 장성하여 우리를 완전히 삼켜버리기까지 여러 전선에서 전투가 치러지는 것이다.

죄와 싸움이 벌어지는 전선

따라서 우리의 싸움도 단순하지 않다. 일단, 눈이나 귀와 같은 통로를 빈틈없이 관리해야 한다. 여기가 죄와 맞서는 최전선이라고 생각하면 맞을 것 같다. 유혹이 눈이나 귀를 통해 들어오기 때문이다.

경건하기로 잘 알려진 욥은 이렇게 선언했다.

내가 내 눈과 약속하였나니 어찌 처녀에게 주목하랴 욥 31:1

경건은 눈과 귀를 지켜냄으로써 시작되는 것이다.

또 우리는 우리의 생각과 마음을 다스려야 한다. 여기가
두 번째 전선이라고 할 수 있다. 죄가 우리 안에서 무르익어
가도록 내버려두어서는 안 된다. 눈과 귀를 통해 들어온 죄
의 씨앗(유혹)이 우리 안에서 무르익어 가도록 내버려두어서
는 안 된다는 뜻이다. 죄를 그대로 두면, 반드시 장성하게
되어 있다. 죄는 시간과 함께 성장하는 유기체라는 사실을
잊지 말라.

욕심이 잉태한즉 죄를 낳고 죄가 장성한즉 사망을 낳느니라 약 1:15

더 나아가서 죄가 행동이나 말로 집행되지 않도록 생명을
걸고 씨름해야 한다. 여기가 마지막 보루이다. 죄가 우리 안
에 생각으로 잉태되고, 생각이 계획으로 활성화되고, 그 계획
이 집행될 때까지는 아직 우리의 권한 안에 있다.

죄가 눈과 귀를 통해 들어옴으로써 최전선이 뚫릴 수 있다. 그러면 생각에서 2차전을 치르는 것이다. 생각마저 뚫리면 이제 행동에서 나 자신을 지켜내야 한다. 그렇지 못하면 무너져내리고 만다.

전선을 정비하라

혹시 현재 자신이 끊임없이 죄에 패배당하고 있다면 모든 전선에서 밀렸다고 판단하면 된다. 이런 경우, 하나하나의 전선을 다시 보강해나가는 것이 필수다.

예를 들어, 눈으로 보고 귀로 듣는 것이 무엇인지 살피고 온전하지 못한 것을 차단하는 것이 요구된다. 그리고 생각과 마음을 올바로 길들이기 위하여 지속적으로 선한 영향력을 받아야 한다.

'나는 시간을 무엇으로 채우고 있는가? 누구와 대화하는가? 어떤 사람에게 영향을 받고 있는가?'

이것을 면밀히 점검할 필요가 있다는 뜻이다. 그리고 경건의 연습으로 행동과 말을 통제해야 한다.

내가 존경하는 조나단 에드워즈는 신앙 성숙을 위해 70가지 결심을 했다. 그중에는 자신의 입술을 절제하는 것과 먹고 마시는 것을 절제하는 것이 포함되어 있다. 그런 노력이 없다면 우리 자신을 보호할 수 있는 체계 자체가 언제 무너져도 이상하지 않을 것이다.

죄와의 전투가 한 전선에서 밀리고 다음 전선으로 넘어오게 되면, 싸움은 더 치열해진다는 사실을 기억하기 바란다. 전방에서 밀리면, 후방에서는 더 장성한 원수를 대면하게 될 것이다. 그래서 눈으로 보는 것과 귀로 듣는 것을 차단하는 것이 가장 쉽다. 거기서 밀리면 이제 생각과 마음에서 씨름해야 한다. 거기서도 밀리면 행동으로 절제하는 수밖에 없는데, 거기까지 가면 싸움이 정말 만만치 않다.

지금까지 살펴본 바와 같이 유혹은 점진적이고 체계적으로 우리를 공격해온다. 그래서 우리는 단 한 순간도 긴장을 풀 수 없다.

우리를 쉴 새 없이 넘어뜨리고자 하는 원수에 대해 사도 베드로는 다음과 같이 말했다.

근신하라 깨어라 너희 대적 마귀가 우는 사자같이 두루 다니며 삼킬 자를 찾나니 **벧전 5:8**

죄의 돌발공격

여기까지만 살펴보아도 죄와의 전쟁터가 만만치 않다는

것을 알았으리라. 그러나 이 외에 또 다른 형태의 공격이 있다는 사실을 잠시 살펴보자. 순간적인 돌발 상황으로 우리가 어려움에 처하는 경우다.

이런 경우, 우리는 마음의 준비도 제대로 하지 못한 무방비상태일 수 있다. 눈과 귀로 들어오는 것이 생각과 마음을 다스리기 시작하고, 그래서 행동과 말로 죄를 짓지 않도록 씨름할 여유조차 없이 돌발적인 상황에서 순간적인 잘못된 선택으로 어려움에 빠지는 경우를 말하는 것이다. 평소에 누적되어 온 감정이 통제 불능의 상태가 되어 돌이킬 수 없는 실수를 저지르게되는 것이다.

여태껏 쌓여온 분노가 폭발할 수도 있고, 억제해온 욕망이 순식간에 불타오를 수도 있으며, 억지로 참아온 답답함에그 한계를 더는 못 넘길 수도 있다.

이런 입장에 서게 되면 이성과 절제력을 상실하고, 본능적으로 말하고 행동하게 된다. 그리고 그 결과는 치명적일 것이다. 원래 상태로 돌아가지 못할 수도 있다는 뜻이다. 즉, 우리의 삶에 수차례 찾아오는 돌발적인 상황에서 우리가 어떻게 반응하는가에 따라 우리 인생이 완전히 달라질 수 있다고 말하는 것이다.

그래서 성경이 순간적인 분노에 대해 특별히 다음과 같은 주의를 줄 정도다.

> 분을 내어도 죄를 짓지 말며 해가 지도록 분을 품지 말고 마귀에
> 게 틈을 주지 말라 엡 4:26,27

분을 내어도 그 순간을 잘 넘기라는 것이다. 이뿐 아니라 잠언 1장 16절에서 악인을 다음과 같이 소개하고 있다는 점을 우리 마음에 새겨야 한다.

> 대저 그 발은 악으로 달려가며 피를 흘리는 데 빠름이니라 잠 1:16

악인은 매우 조급하게 행동한다는 사실을 여기서 볼 수 있다. "우리를 시험에 들게 하지 마시옵고"라는 간구는 이런 상황을 미리 예방하는 듯한 역할을 한다.

유혹에 맞서서 장기전을 펼치면, 인생이 단판에 멸망하는 비극은 그리 쉽게 일어나지 않는다. 눈과 귀로 들어오는 죄와 일차전을 벌이고 끊임없이 줄다리기하며 싸움을 벌이고, 거기서 밀리게 되어도 마음과 생각을 통제할 수 있기 때문이다. 또 설령 거기서 뚫릴지라도 행동과 말을 절제함으로 상황에 맞설 기회가 또 한 번 있기 때문이다.

그러나 반대로, 돌발적인 상황에서 모든 이성과 절제력이 마비된 상태로 저지르는 죄의 대가는 너무나 커서 감당하기 어렵다. 주님이 개입해주셔야만 하는 상황이다. 주님의 개입과 도움과 지키심 없이는 우리 힘으로는 도저히 감당할 수 없는 현실임을 강조하고 싶다.

칼을 들어 복수하고 싶은 충동에서 우리를 지켜주시는 주님의 은혜가 절실히 필요하다. 결과에 대한 생각은 접어버리고 감정이 이끄는 대로 따라가는 길목에서 우리를 구출해주시는 주님의 손길이 필요하다. 순간적으로 빨려 들어갈 수밖에 없는 유혹을 단호히 뿌리치게 하시는 주님의 감화와 감동이 필요하다.

그래서 우리는 이 간구를 호흡과 같이 반복한다.

"우리를 시험에 들게 하지 마시옵고…."

언제 찾아올지 모르는 돌발 상황을 위해 기도하라는 것이다. 우리는 매 순간 극복할 힘을 공급받아야 하며, 오늘 하루를 참고 넘어갈 수 있는 능력이 우리 안에 가득 채워져야 하고, 인생의 결정적인 순간에도 바른 판단을 할 수 있도록 평안을 소유해야 하기 때문이다.

이런 기도가 우리 안에 충분히 쌓이려면 끊임없이 기도해

야 하고, 호흡과 같이 연습해야 한다. 압력이 올라가고 사
자 굴에 들어갈지라도 바른 판단을 할 수 있는 것은, 그런
연습이 되어 이미 내 안에 쌓여 있을 때라야 가능하기 때문
이다.

원수로부터 우리를 구해주세요

지금 우리가 살펴보고 있는 간구는 크게 두 부분으로 나누어져 있다. 하나는 시험에 들게 하지 말아달라는 내용이고, 두 번째는 악에서 구해달라는 내용이다. 우리가 지금까지 첫째 부분에 초점을 맞췄다면, 이제 두 번째 부분에 귀를 기울여보도록 하자. "다만 악에서 구하시옵소서"라는 간구에서 가리키는 '악'은 도대체 무엇인지부터 정리해보는 것이 좋을 것 같다.

일반적으로, '악에서' 구해달라는 간구를 '우리가 죄를 짓지 않게 해달라'는 정도로 이해하고 있다. 혹은 '모든 불행에서 건져달라'는 의미로 생각한다.

여기서 사용된 헬라어 단어인 '포네이로스'(poneiros)를 한글 성경과 ESV를 비롯한 몇몇 영어 성경에서 '악'(evil)으로 번역하고 있는데, 나는 헬라어 원어 앞에 정관사가 있다는 점을 지적하고 싶다. 따라서 정확한 영어 번역은 'the evil'이다. 막연하고 불분명한 많은 악 중에 하나가 아니라 뚜렷한 '악'의 실체를 가리키고 있다는 뜻이다.

마태복음 13장 19절과 13장 38절에서도 동일하게 정관사가 사용된 'o poneiros'(the evil)라는 표현이 사용되고 있다. 한글성경에는 '악한 자'라고 번역되었다.

> 아무나 천국 말씀을 듣고 깨닫지 못할 때는 '악한 자'가 와서 그 마음에 뿌려진 것을 빼앗나니 이는 곧 길 가에 뿌려진 자요
> 마 13:19

> 밭은 세상이요 좋은 씨는 천국의 아들들이요 가라지는 '악한 자'의 아들들이요 마 13:38

그렇다면 말씀을 빼앗는 '악한 자'는 누구를 가리키는 것일까? 동일한 내용을 전하는 마가복음에서 그 정체를 명백하게 밝혀준다.

말씀을 들었을 때에 사탄이 즉시 와서 그들에게 뿌려진 말씀을 빼앗는 것이요 막 4:15

'악한 자'는 우리 원수 사탄을 가리키는 것이다. 즉, "다만 악에서 구하시옵소서"라는 간구는 사탄에게서 우리를 구해달라는 간구라고 이해하면 되겠다. 그래서 NIV, ASV, NKJV를 비롯한 여러 버전의 영어 성경에서는 "deliver us from the evil one"(그 악한 자에게서 우리를 구하시옵소서)이라고 번역된 것이다.

사탄에게서 우리를 구한다는 것은 무엇을 의미할까? 이에 대해서 많은 이야기를 할 수 있지만, 여기서는 사탄의 두 가지 특성을 살펴봄으로 이 간구의 의미를 살펴보려고 한다.

사탄은 모든 악의 근원이다

우리 주님은 사탄에 대해 다음과 같이 말씀하셨다.

그는 처음부터 살인한 자요 진리가 그 속에 없으므로 진리에 서지 못하고 거짓을 말할 때마다 제 것으로 말하나니 이는 그가 거짓말쟁이요 거짓의 아비가 되었음이라 요 8:44

도둑이 오는 것은 도둑질하고 죽이고 멸망시키려는 것뿐이요

요 10:10

우리가 인생을 살아가면서 겪게 되는 모든 아픔과 고통과 눈물의 근원이 사탄이라는 사실이다. 뿐만 아니라 이 세상을 파괴하는 죄악과 불의와 더러움도 그 중심에 사탄이 서 있다.

따라서 "다만 악에서 구하시옵소서"라는 간구는 사탄에게서 비롯된 모든 것에서 우리를 구해달라는 호소다. 어떻게 보면 이 간구가 이 시대에 가장 필요한 기도라고 생각한다. 왜냐하면 사탄이 지닌 영향력의 결과가 가장 두드러지게 나타나는 마지막 시대이기 때문이다. 악한 자에게서 건지시는 주님의 손길이 없이는 우리는 이 시대를 바로 살아갈 수 없다.

사탄은 정죄하는 자다

사탄은 우리를 계속 정죄한다. 그는 '고소하는 자'(the accuser)라는 이름이 참으로 어울리는 존재다. 요한계시록에서는 사탄을 '참소하던 자'(고소자)라고 부르고 있다.

우리 하나님의 구원과 능력과 나라와 또 그의 그리스도의 권세가 나타났으니 우리 형제들을 참소하던 자 곧 우리 하나님 앞에

사탄은 거짓말하고, 살인하고, 멸망시키는 정도에 그치지 않고 우리를 끊임없이 고소하는 고소자다. 지금도 사탄은 '밤낮으로' 우리를 정죄하고 있다. 이는 예수 그리스도의 공로를 무효화하고, 주님의 선하심에 손상을 입히며, 그 한없는 은혜를 짓밟기 위해서다. 사탄이 우리에게 '하나님이 너 같은 자를 어떻게 용서하시겠어?'라고 고소할 때, 표면적으로는 우리를 정죄함으로 우리를 파괴하는 것이 목적이지만, 더 깊은 의미에서 보자면 하나님의 선하심을 과소평가하고 있는 것이다.

"다만 악에서 구하시옵소서"라는 간구가 "우리를 시험에 들게 하지 마시옵고"의 연장선인 이유가 여기에 있다. 우리가 유혹에 넘어가고 죄를 짓게 되면, 사탄은 그것을 근거로 우리를 정죄하기 시작하기 때문이다. 특히, 우리가 돌이킬 수 없는 실수를 범했을 때, 하나님도 더 이상 우리를 용서할 수 없다고 사탄은 우리 귓가에 속삭인다.

이런 과정을 지나면서 주님의 사랑이 우리 안에서 서서히 메말라가는 것을 경험한다. 우리 안에서 주님의 사랑이 메마르면, 우리는 그 빈곳을 채우기 위하여 몸부림친다. 결국, 주님 외의 다른 것으로 자신을 채우게 되며 죄의 늪으로 더 깊이 빠져들게 되는 것이다.

사탄의 정죄는 우리가 낙심되고 좌절됨으로 끝나는 것이 아니라 죄에 노예 됨으로 끝난다. 따라서 "다만 악에서 구하시옵소서"라는 간구는 사탄의 정죄함에서 우리를 자유롭게 해달라는 의미다.

특히 '구하시옵소서'의 원어의 뉘앙스는 쇠사슬이 끊어지는 장면을 연상시킨다. "다만 악에서 구하시옵소서"는 우리를 정죄하며 결박하고 있는 사탄의 밧줄을 풀어달라는 간구다. 이제 죄책감의 노예 된 자리에서 자유로워지고 싶다는 외침이다. 쓰라린 자책의 저주에서 해방시켜달라는 부르짖음이다.

우리는 이러한 구원을 경험하였을 때 비로소 주님의 좋으심을 뼈저리게 깨닫는다. 그 순간, 우리의 시린 가슴은 주님의 뜨거운 사랑으로 다시 채워지며, 유혹을 뿌리치고 죄를 물리치는 능력도 소유하게 될 것이다.

하나님의 사랑이 채워지면 이긴다

나는 "악에서 구하시옵소서"라는 간구가 특히 수많은 사역자에게 너무나 필요한 기도가 아닐까 생각한다.

평신도는 대개 말하기보다 듣는 입장에 처할 때가 많다. 가르치기보다 깨우침을 받는 경우가 많다. 나는 이것이 참으로 복된 특권이라고 생각한다. 하나님이 우리를 얼마나 사랑하시며, 우리의 모든 죄를 용서하셨다는 소식을 듣고 깨우침을 받을 때, 우리의 마음은 충만하게 채워진다. 그 사랑으로 인하여 죄와 싸우고 싶은 의욕도 고취되고, 그 은혜로 인하여 끝까지 참아야겠다는 결심도 하게 된다.

하지만 사역자가 되는 순간, 듣기보다 말하는 입장이 된다. 깨우침을 받기보다 가르쳐야 할 때가 많다. 이 역시도 참으로 복된 부르심이다. 하지만 매우 위험한 것만은 분명하다. 남을 정신없이 가르치고 깨우쳐주다 보면, 정작 자신은 메말라가는 경우를 많이 보게 된다. 다른 사람의 귓가에 하나님의 사랑과 은혜에 대해 속삭여주기는 했어도, 자신은 그러한 속삭임을 받을 기회가 적어지기 때문이다.

최근, 나는 이런 생각을 종종 한다.

'내가 어렸을 때, 무엇 때문에 그토록 믿음의 전투를 치열하게 싸울 수 있었는가?'

돌이켜보니, 어머니의 속삭임 덕분이었던 것 같다. 교회에 가면서, 교회에서 돌아오면서, 학교에 가기 위해 전철역으로 데려다주면서, 데리고 돌아오면서 끊임없이 나에게 말씀해주셨던 어머니의 음성이 지금도 생생하다.

"너는 특별한 사람이야. 하나님이 너를 얼마나 사랑하시는지 이것만 봐도 알겠네. 하나님이 너를 진짜 사랑하시나 보다."

주님께 얼마나 사랑받고 있는지 깨닫는 순간, 우리는 믿음의 싸움을 싸워낼 힘이 생긴다. 주님의 은혜로 채워지는 순간, 우리는 다른 것으로 자신을 채우려 하지 않는다.

어른이 되어 막상 목사가 되고, 선교사가 되고, 사역자가 된 후에 사람이 변하는 이유가 여기에 있는 것은 아닐까? 평신도 때는 주님의 사랑으로 채워졌었는데, 사역자가 된 후에는 아이러니하게도 다른 것으로 자신을 채워보려고 애쓴다. 사역자가 되면서 깨우침을 들을 기회보다 말하지 않으면 안 되는 시간이 더 많아지기 때문이다.

결국, 귓가에 들리는 소리는 '너를 사랑한다'라는 주님의 음성이 아니라, 우리를 정죄하는 원수의 목소리가 되는 안타까운 결과를 맞는 경우가 종종 벌어지게 되는 것이다. 그 순간, 한 사람의 사역자가 타락하는 속도는 걷잡을 수 없다.

지금이라도, 주님의 음성을 듣기를 바란다.

"아직도 사랑한다."

그 음성을 듣고 지금이라도 주님의 품으로 돌아가야 한

다. 주님은 변하지 않으셨다.

> 그러나 이 모든 일에 우리를 사랑하시는 이로 말미암아 우리가 넉넉히 이기느니라 내가 확신하노니 사망이나 생명이나 천사들이나 권세자들이나 현재 일이나 장래 일이나 능력이나 높음이나 깊음이나 다른 어떤 피조물이라도 우리를 우리 주 그리스도 예수 안에 있는 하나님의 사랑에서 끊을 수 없으리라 **롬 8:37-39**

사랑이 채워지면 이긴다. 반대로 내 안에 사랑이 메마르면 정죄가 시작되기 때문에 절대로 이길 수 없다. 정죄가 시작되면 죄의 노예가 되기 때문이다. 정죄로 인하여 사랑은 더욱 메마르고, 사랑이 메마르면 다른 것을 찾게 된다. 그렇게 죄의 늪으로 더 깊이 빠져든다. 악순환이 시작되는 것이다.

그럴 때라도 우리는 이 말씀을 기억해야 한다!

> 그러므로 이제 그리스도 예수 안에 있는 자에게는 결코 정죄함이 없나니 … 누가 정죄하리요 죽으실 뿐 아니라 다시 살아나신 이는 그리스도 예수시니 그는 하나님 우편에 계신 자요 우리를 위하여 간구하시는 자시니라 **롬 8:1,34**

사탄의 쇠사슬을 끊으시는 주님의 손길

사탄이 베드로를 정죄하고 파괴하려고 했던 사실을 기억하는가? 사탄이 처음부터 핍박과 순교로 베드로를 넘어뜨리려 했던 게 아니다. 먼저 죄책감을 안겨주었다. 주님을 부인한 베드로의 죄책감을 재료로 삼아 그를 완전히 멸망시키기로 작정했다.

그러나 그것을 너무나 잘 아셨던 주님은 사랑하는 제자를 위해 중보해주시며 다음과 같이 일깨워주셨다.

시몬아, 시몬아, 보라 사탄이 너희를 밀 까부르듯 하려고 요구하였으나 그러나 내가 너를 위하여 네 믿음이 떨어지지 않기를 기도하였노니 너는 돌이킨 후에 네 형제를 굳게 하라 눅 22:31,32

여기서 '밀 까부르듯 하다'를 원어로 살펴보면 '채찍질하다'라는 뜻이 담겨 있다. 사탄은 베드로의 양심을 이용하여 그를 채찍질하였다. 자존심은 그 사람의 도덕적 기준과 굉장히 밀접한 관계가 있는데, 자존심이 강할수록 양심도 강한 경우가 많다. 베드로는 당시 자기를 향한 도덕적 기준이 매우 높았다. 그만큼 자존심도 강했는데, 그렇게 자존심이 강한 그가 양심이 찔렸을 때는 자기 자신을 용서할 수 없는 자로 돌변하는 것이다.

　그것을 너무나 잘 알고 있던 사탄이 베드로가 가장 자신 있어 하던 것을 뒤집어 오히려 자신의 무기로 삼은 것이다. 한순간에 그는 죄인의 자리에 서서 사탄이 밀 까부르듯 하는 채찍질을 받게 되었다.

　'넌 그런 사람이야! 넌 돌이킬 수 없어!'

　하마터면 그것으로 멸망할 뻔했는데, 주님은 스스로 기도할 수 없는 상심한 제자를 위해 "내가 너를 위하여 네 믿음이 떨어지지 않기를" 기도해주셨다. 그리하여 악한 자의 손에서 건지시는 주님의 손길이 사탄의 쇠사슬을 풀어주시고, 그의 양심으로부터 자유를 얻게 하셨다.

　주님은 지금도 사랑하는 종들을 위하여 기도해주고 계신다. 믿음이 떨어지지 않기 위하여, 죄책감으로 침몰되지 않도록, 원수의 정죄함으로 파괴되지 않기 위하여!

　우리도 이런 마음으로 많은 목사님, 선교사님, 사역자를 위해 기도해주면 좋겠다.

　"다만 악에서 구하시옵소서!"

악과 싸워서 이기게 해주세요

지금까지 우리는 주님이 가르쳐주신 기도를 정리해보았다. 이미 여러 차례 말했지만, 주님께 올려드리는 간구는 우리가 감당해야 하는 임무로 반사되어 돌아온다. 이번에도 마찬가지다.

"우리를 시험에 들게 하지 마시옵고 다만 악에서 구하시옵소서"라는 간구는 우리가 죄의 유혹과 싸워서 이겨내겠다는 선전포고와 굳센 결심으로 우리 안에 뿌리를 내린다. 주님은 이 임무를 우리에게 맡기시며 말씀하셨다.

시험에 들지 않게 깨어 기도하라 마 26:41

우선, 시험에 들지 않기 위하여 우리가 감당해야 하는 몫이 있다는 사실을 인정할 수밖에 없다. 주님은 "너희가 시험에 들지 않도록 지켜주겠다"라고 말씀하지 않으셨다. 주님은 "시험에 들지 않게 깨어 기도하라"라고 일러주셨다.

물론, 우리에게는 주님의 도우심이 전적으로 필요하다. 그러나 주님의 도우심을 입기 위하여 우리는 기도해야 한다는 사실을 부인할 수 없다. 그 기도의 대표적인 예가 "우리를 시험에 들게 하지 마시옵고 다만 악에서 구하시옵소서"라는 내용이 되겠다.

또 주님은 시험을 받는 자들의 본보기가 되어주셨다. 주님은 광야에서 40일간 금식하신 후, 사탄에게 시험을 당하셨다. 하지만 사탄의 유혹을 물리치시고, 승리를 거두셨다. 기도를 가르치시고 요구하신 것에서 끝내지 않으시고 '시험은 이렇게 이기는 거야'라고 하는, 시험받는 자의 본보기를 보여주신 것이다.

주님을 뒤따라가고자 하는 우리는 주님을 본받아야 한다. 주님이 시험을 기도와 말씀으로 이기시는 모습을 마음에 되새기길 원한다.

주님이 어떻게 기도하셨는지 기억하길 바란다. 주님은 사람들과 한없이 어울리기보다 아버지와 한적한 곳에서 교제하셨다.

새벽 아직도 밝기 전에 예수께서 일어나 나가 한적한 곳으로 가사 거기서 기도하시더니 막 1:35

무리를 작별하신 후에 기도하러 산으로 가시니라 막 6:46

감당하는 일이 많아지면 많아질수록, 사역이 커지면 커질수록 사람들과 어울리는 시간이 더 많아진다. 그래서 기도하는 시간이 줄어드는 것 같다. 그러다 넘어지고 만다.

이 말씀을 묵상하면서 나 스스로에게 다시 한번 일깨우며 되새기는 것이 있다. 나 자신을 지켜내는 것은 일반적인 노력으로 가능하지 않으며, 오직 하나님 앞에서 기도로만 성취되는 열매라는 것이다. 우리가 다 그 사실을 깊이 기억하면 좋겠다. 시험에 들지 않기 위하여 기도하는 것 외에는 돌아갈 길이 없다.

그리고 주님은 "시험에 들지 않게 깨어 기도하라"라고 말씀하시며, 시험에 들지 않게 깨어 기도하는 모습을 몸소 보여주셨다.

> 예수께서 힘쓰고 애써 더욱 간절히 기도하시니 땀이 땅에 떨어
> 지는 핏방울같이 되더라 눅 22:44

예수님이 땀방울이 변하여 핏방울같이 되기까지 기도하셨
다는 사실을 기억하라. 그렇게 기도해야만 십자가를 피하고
싶은 유혹을 물리칠 수 있지 않겠는가? 이 정도의 전투가 아
니고서는 사탄의 밥이 되고 마는 것은 정해진 사실 같다.

주님이 가르쳐주신 기도는 기도문 정도의 차원을 뛰어넘어
이러한 임무를 우리가 다시 한번 묵상하고 받아들이게 하며,
그렇게 살아내고자 하는 결단으로 우리 안에서 열매를 맺게
한다.

또, 주님이 말씀으로 사탄의 유혹을 물리치셨다는 사실을
기억하길 바란다. 유혹을 이겨내고 사탄의 결박에서 풀려나
기 위해서는 우리의 열심이 요구된다.

화려한 자리를 떠나 은밀한 자리로 들어가서 아버지의 사
랑의 속삭임을 들어야 한다. 그러지 못하면 죄로 가득한 삶
의 현장에서 사탄의 정죄함에 넘어질 수밖에 없다. 주님도
그렇게 하셨는데, 하물며 우리는 어떻게 해야 하겠는가?

이제, 주님을 본받아 우리도 시험에 들지 않기 위하여 기도와 말씀으로 악과 싸워 이기는 축복이 있기를 주님의 이름으로 축원한다.

마지막 날까지 보호해주세요

날마다 싸워나가야 하는 시험도 있지만, 우리에게 다가오고 있는 시험도 있다는 사실을 마지막으로 잠시 나누고자 한다. 이것을 '환난'(tribulation)이라고 한다. 비록 일컫는 표현은 다를지 몰라도, 지금까지 우리가 살펴본 시험과 본질은 동일하다.

그날에 많은 사람이 미혹될 것이라고 성경은 경고한다.

거짓 그리스도들과 거짓 선지자들이 일어나 큰 표적과 기사를 보여 할 수만 있으면 택하신 자들도 미혹하리라 마 24:24

그날에 다양한 형태의 유혹으로 많은 사람이 넘어지게 될 것이라는 사실이다. 이것을 통하여 주님은 자기 백성의 본질, 정체, 본심, 능력을 평가하실 것이다. 마지막 시대는 가장 험난한 유혹과 가장 엄격한 평가가 이루어지는 때다.

따라서, 그날은 심상치 않은 유혹의 날이요, 진짜와 가짜를 가려내는 연단의 날이 될 것이다. 최후 시험의 날인 것이다.

"우리를 시험에 들게 하지 마시옵고"라는 간구가 그 어느 때보다 절실히 필요한 때는 이제부터 다가오는 시대가 아닌가 생각한다. 마지막 날이 오기까지 유혹과 연단은 점점 심해질 것이다. 그러나 끝까지 견디면 승리의 면류관을 받을 것이라고 성경은 분명히 약속한다.

> 시험을 참는 자는 복이 있나니 이는 시련을 견디어 낸 자가 주께서 자기를 사랑하는 자들에게 약속하신 생명의 면류관을 얻을 것이기 때문이라 약 1:12

그 어느 때보다 더 많은 유혹과 연단이 있을 것이란 사실은, "우리를 시험에 들게 하지 마시옵고"라는 기도가 우리 안에서 더 절실히 고백되고, 집행되어야 함을 뜻한다.

그리고 우리가 주님의 보좌 앞에 서게 되는 마지막 순간까지 "다만 악에서 구하시옵소서"라는 간구를 꼭 움켜쥐어야 한다. 너무나 연약하고 부족한 존재가 영원하시고 거룩하신 그분의 존전에 서게 되었을 때, 우리를 덮어주시는 주님의 공로가 필요하기 때문이다.

그날, 어떠한 정죄의 음성이 아니라 아버지의 품으로 우리를 환영하시는 사랑의 음성이 우리 귓가에 울려 퍼지기를 소망하는 마음으로 "다만 악에서 구하시옵소서"라는 고백이 끊임없이 되뇌어지기를 바란다.

끝까지 붙들고 달려갈 길

우리는 주님이 가르쳐주신 이 간구를 입술에 담고 이 세상을 살아가야 한다.

주님을 만나는 그날까지 우리를 넘어뜨리고자 하는 유혹은 계속될 것이다. 그러나 우리도 계속해서 싸워갈 것이다. 주님을 본받아 싸울 것이다. 주님의 도움을 힘입어 싸울 것이다.

주님을 만나는 그날까지 원수 사탄은 우리를 정죄할 것이다. 그러나 우리는 우리를 사랑한다고 고백하시는 주님의 음성을 들으며 나아갈 것이다.

이런 과정을 통해 우리는 연단 받아 온전한 모습으로 변화할 것이다. 그리고 언젠가, 주님 앞에 서게 될 것이다. 비록 실패와 성공, 패배와 승리를 반복한다 하여도 악한 자의 정죄에서 우리를 건지시는 주님의 도우심을 힘입어 우리는 주님 앞에 서게 될 것이다.

그날을 기다리며 끝까지 근신함으로 주님이 가르쳐주신 기도를 호흡하며 이 길을 달려나가게 되기를 소망한다.

하나님의 날이 임하기를 바라보고 간절히 사모하라 그날에 하늘이 불에 타서 풀어지고 물질이 뜨거운 불에 녹아지려니와 우리는 그의 약속대로 의가 있는 곳인 새 하늘과 새 땅을 바라보도다 그러므로 사랑하는 자들아 너희가 이것을 바라보나니 주 앞에서 점도 없고 흠도 없이 평강 가운데서 나타나기를 힘쓰라

벧후 3:12-14

영광이 아버지께 있습니다!

나라와 권세와 영광이

아버지께 영원히 있사옵나이다 아멘

마태복음 6:13

카나리아라는 노란색 새가 있다. 이 새는 약 400년간 우리와 매우 가까운 곳에서 애완용으로 길러져왔다. 특히, 탄광에서 일하는 광부들에게 이 새는 매우 중요한 역할을 해왔다. 현재는 유해가스를 측정하는 여러 장비가 있기에 카나리아가 동원되지 않지만, 이런 기술이 개발되기 전까지는 지하 깊은 곳으로 내려가는 광부들은 꼭 새장 안에 든 카나리아를 데리고 갔다.

카나리아는 유해가스에 예민하다. 인간의 후각으로는 쉽게 감지하지 못해도, 카나리아는 메탄가스에 노출되면 금세

죽는다. 그래서 새장 안에 든 카나리아가 이상징후를 보이거나 죽으면 광부들은 당장 그 현장을 피하여 위험을 면할 수 있었다.

이와 같이, 카나리아는 위험을 감지하는 장치로 사용되었다. 이런 유래에서 비롯된 영어 표현이 있다. 자신의 삶이 위태롭다는 사실을 알려주는 적색등을 가리켜 'canary in a coal mine'(탄광 속의 카나리아)이라고 말한다.

우리는 매우 어두운 동굴과 같이 빛이 잘 보이지 않는 시대에 진입해 있다. 이 시대뿐만 아니라, 우리의 인생 자체도 그런 것 같다. 삶을 살아가다 보면, 사방이 잘 보이지 않고 돌아가는 길조차 잃어버리는 순간이 찾아온다. 제대로 가고 있는지, 혹은 어디로 가야 하는지 도저히 감을 잡지 못할 때도 많다.

그리고 우리를 둘러싸고 있는 무수한 유독물질로 인하여 자신이 서서히 죽어가고 있다는 사실을 인지하지 못하는 경우도 있다. 동일한 죄를 거듭하며 점점 무감각해지는 것, 수

많은 상처를 받으면서 순수함을 상실해버리는 것, 세상살이를 하면서 자기도 모르게 양심이 죽어가는 것, 혹은 오랜 기간 사역하면서 주님을 향한 처음 사랑이 완전히 바싹 메말라버리는 것 등등이 그런 경우라고 할 수 있다.

위험이 따르는 어두운 터널과 같은 세상에서 살아가는 우리에게 주님은 기도를 가르쳐주셨다. 주님이 가르쳐주신 기도는 우리의 카나리아다.

우리의 삶을 주님이 가르쳐주신 기도에 비추어 볼 때, 우리는 스스로를 진찰할 수 있고, 상황을 분별할 수 있으며, 집으로 돌아가는 길을 발견할 수 있게 된다. 혼탁해진 영적 환경 위로 솟아올라, 무뎌진 호흡 기능을 다시금 활성화시켜 기력을 되찾을 수 있게 되는 것이다.

지금, 주님의 이름을 위하여 간구하기보다 자신의 명예를 위하여 몸부림치고 있다면, 우리가 가야 하는 길에서 멀리 이탈하기 시작했다는 사실을 알라!

주님의 나라를 향하여 목마르기보다 자기의 왕국을 건설

하기 원하고 있다면, 영혼이 죽어가고 있다는 사실을 알라!

주님의 뜻을 이루기 위하여 갈망하기보다 자신의 욕망을 채우기 원하고 있다면, 멸망의 늪에 깊이 빠져들고 있다는 사실을 알라!

험한 세상을 살아가면서 이 같은 위험에 종종 빠지고 마는 우리를 위하여 주님은 기도를 알려주셨다.

"너희는 이렇게 기도하라!"

그리고 우리의 교부들은 다음과 같은 표현으로 이 기도를 마무리하였다.

"나라와 권세와 영광이 아버지께 영원히 있사옵나이다. 아멘."

이 문장은 마태가 기록한 원문에는 없었던 것으로 추정된다. 아마도, 초대교회의 우리의 신앙의 선배들이 추가한 내용 같다. 어찌 되었든, 이것은 주님이 가르쳐주신 기도에 합당한 반응인 것만은 분명하다. 지금까지 올려드린 한 가지 한 가지 간구를 결단코 성취하실 주님의 통치를 신뢰한다는 선포이기 때문이다. 그 통치권을 행사하실 위대한 능력을 인정해드린다는 고백이기 때문이다. 그리고 이 모든 것이 하나님의 영광을 위함이라는 견고한 목적의식의 선언이기 때문이다.

지금까지 주님이 가르쳐주신 기도를 살펴본 우리에게도 역시 유일하게 한 가지 합당한 반응만 남았다. 함께 기도하자.

"

나라와 권세와 영광이

아버지께

영원히 있습니다!

아멘.

"

주님 기도

초판 1쇄 발행　2021년 5월 4일
초판 4쇄 발행　2021년 6월 21일

지은이　　　　다니엘 김

펴낸이　　　　여진구
책임편집　　　이영주 기은혜 정선경
편집　　　　　최현수 안수경 최은정 김아진 정아혜
책임디자인　　마영애 노지현 조아라 조은혜 | 마영애 노지현 조아라 조은혜
기획·홍보　　김영하
마케팅　　　　김상순 강성민 허병용　　　　　**마케팅지원**　최영배 정나영
제작　　　　　조영석 정도봉　　　　　　　　　**경영지원**　　김혜경 김경희

303비전성경암송학교 유니게과정　박정숙 최경식
이슬비전도학교 / 303비전성경암송학교 / 303비전꿈나무장학회　여운학

펴낸곳　　　　규장

주소　06770 서울시 서초구 매헌로 16길 20(양재2동) 규장선교센터
전화　02)578-0003　　**팩스**　02)578-7332
이메일　kyujang0691@gmail.com　　　　　　홈페이지　www.kyujang.com
페이스북　facebook.com/kyujangbook　　　인스타그램　instagram.com/kyujang_com
카카오스토리　story.kakao.com/kyujangbook
등록일　1978.8.14. 제1-22

ⓒ 저자와의 협약 아래 인지는 생략되었습니다.
이 출판물은 저작권법에 의해 보호를 받는 저작물이므로 무단 전재와 무단 복제를 할 수 없습니다.

책값　뒤표지에 있습니다.
ISBN　979-11-6504-199-1 03230

규│장│수│칙

1. 기도로 기획하고 기도로 제작한다.
2. 오직 그리스도의 성품을 사모하는 독자가 원하고 필요로 하는 책만을 출판한다.
3. 한 활자 한 문장에 온 정성을 쏟는다.
4. 성실과 정확을 생명으로 삼고 일한다.
5. 긍정적이며 적극적인 신앙과 신행일치에의 안내자의 사명을 다한다.
6. 충고와 조언을 항상 감사로 경청한다.
7. 지상목표는 문서선교에 있다.

하나님을 사랑하는 자 곧 그의 뜻대로 부르심을 입은 자들에게는 모든 것이 合力하여 善을 이루느니라(롬 8:28)

 Member of the
Evangelical Christian
Publishers Association

규장은 문서를 통해 복음전파와 신앙교육에 주력하는 국제적 출판사들의
협의체인 복음주의출판협회(E.C.P.A:Evangelical Christian Publishers
Association)의 출판정신에 동참하는 회원(Associate Member)입니다.